O Sentar
e o
Caminhar

Dados Internacionais de Catalogação na Publicação (CIP)
(Câmara Brasileira do Livro, SP, Brasil)

Leloup, Jean-Yves
   O sentar e o caminhar / Jean-Yves Leloup ;
tradução de Karin Andrea de Guise. – Petrópolis,
RJ : Vozes, 2013.

   Título original: L'assise et la marche.
   ISBN 978-85-326-4577-7

   1. Caminhada – Aspectos psicológicos
2. Meditação 3. Peregrinos e peregrinações
I. Título.

13-03954   CDD-158.12

Índices para catálogo sistemático:
1. Meditação : Aperfeiçoamento pessoal :
   Psicologia aplicada   158.12

O Sentar
e o
Caminhar

Jean-Yves Leloup

Tradução de Karin Andrea de Guise

Petrópolis

© Éditions Albin Michel, 2011

Título do original francês: *L'assise et la marche*

Direitos de publicação em língua portuguesa – Brasil:
2013, Editora Vozes Ltda.
Rua Frei Luís, 100
25689-900 Petrópolis, RJ
Internet: http://www.vozes.com.br
Brasil

Todos os direitos reservados. Nenhuma parte desta obra
poderá ser reproduzida ou transmitida por qualquer forma e/ou
quaisquer meios (eletrônico ou mecânico, incluindo fotocópia e
gravação) ou arquivada em qualquer sistema ou banco de dados sem
permissão escrita da editora.

Diretor editorial
Frei Antônio Moser

Editores
Aline dos Santos Carneiro
José Maria da Silva
Lídio Peretti
Marilac Loraine Oleniki

Secretário executivo
João Batista Kreuch

Editoração: Fernando Sergio Olivetti da Rocha
Projeto gráfico: Sheilandre Desenv. Gráfico
Capa: Érico Lebedenco
Imagem da capa: starusle / photoXpress

ISBN 978-85-326-4577-7 (edição brasileira)
ISBN 978-2-226-22040-0 (edição francesa)

Editado conforme o novo acordo ortográfico.

Este livro foi composto e impresso pela Editora Vozes Ltda.

Para Richard e Dominique.

SUMÁRIO

Introdução, 9

Parte I. O movimento e o repouso, 13

1 O sentar e o caminhar, 15

2 A meditação: exercício terapêutico, exercício filosófico, 24

3 Qual forma de meditação escolher?, 28

4 O sentar no corpo que nós somos, 34

5 O sentar na consciência que somos, 41

6 O sentar no espaço que somos, 47

7 O sentar no coração que somos, 52

8 A felicidade está no caminhar, 66

Parte II. O passante, 95

1 "Em marcha!", 97

2 O evangelho de Tomé, 104

3 Pirro, o filósofo a caminho, 112

4 O *"eros* gregoriano" ou o desejo de caminhar, 121

5 *Lectio divina* ou a meditação como uma escada, propícia ao sentar e ao caminhar, 141

6 A escada do Nome, 152

7 Mestre Eckhart, um itinerário de libertação interior, 161

8 Anjo, *noùs*, sindérese: nossa estrela, 168

Parte III. A peregrinação, 171

1 O que é um peregrino?, 173

2 Qual peregrinação?, 180

3 Qual orientação?, 189

4 A via do peregrino, 192

5 Toda viagem é um clima a atravessar, 205

6 O andarilho magnífico, 217

Peregrinos, 221

Introdução

"Sente-se e vá!"

Ouvi essas palavras aos dezenove anos, no monte Athos, pouco após uma experiência de morte clínica em um hospital em Istambul. Quarenta anos depois, elas continuam vivas, como um sopro, e elas me conduzem para o alto e para diante.

Foi necessário um pouco de tempo para compreendê-las e, sobretudo, para vivê-las.

"Sente-se" não quer dizer permanecer sentado.

"Vá" não é ir para algum lugar.

"Sente-se" é estar centrado no ir e vir[1] da Vida.

"Vá" é estar permanentemente no próprio movimento da Vida que se dá.

Talvez essas palavras sejam também um eco do Nome divino ouvido, em Istambul, pouco tempo antes, à beira de uma caixa metálica que deveria conter meus "restos".

"Sente-se": "Eu sou".

"Vá": "Eu serei".

1. Jogo de palavras do autor, intraduzível para o português, entre as palavras *à-venir* – aquilo que está por vir e *avenir*: futuro, destino [N.T.].

Eu descobriria mais tarde que "Eu sou"/"Eu serei" são as palavras ouvidas por Moisés em um "arbusto que queima sem se consumir" às margens do caminho[2].

O sentar e o caminhar, para aquele que os pratica, não seriam a participação e o desdobramento de uma presença real do Ser, "que era, que é, que virá", como diz o livro do Apocalipse?

À medida que caminhamos, observamos que essas palavras já tiveram sotaques menos bíblicos e mais baudelairianos: "Seja sábia, ó minha dor, e tranquilize-se", sente-se, ouça a Vida, a grande Vida que caminha... E eu me imaginava como o pequeno boiadeiro do texto de Kakuan[3], mestre zen chinês do século XII, que após diversas aventuras conseguiu sentar-se sobre as costas de um búfalo enfim cativado. Às vezes, não é mais necessário mexer-se para avançar, "isso" anda por si só...

Inútil dizer minha gratidão por este santo e belo ancião do monte Athos, a quem perguntei o sentido que poderia tomar minha vida recentemente reencontrada. Sinto-me grato por ele não ter respondido através de um longo discurso, mas por ter me convidado a uma prática. De fato, é a fidelidade quotidiana a esta prática do sentar e do caminhar que revelou o sentido da minha "passagem" sobre a terra: "aderir" à Vida, ao seu ser, ao seu vir-a-ser: "Eu sou/Eu serei"...

Em seguida, eu tive a sorte de encontrar outros mestres que me confirmaram, instruíram e guiaram nesta via. Evoco discretamente alguns neste livro: Graf Dürckheim na Floresta Negra,

2. Ex 3,2.

3. Referência ao texto zen *A arte de cativar o búfalo*, de Kakuan (séc. XII), que descreve dez etapas, cada uma apresentada através de um texto em prosa e em verso e uma imagem, rumo à realização da natureza verdadeira de cada um. O búfalo representa o eterno princípio da vida, verdade em ação [N.T.].

Jean Klein na montanha da Sainte Baume, Krishnamurti em Ojai na Califórnia, o Dalai-Lama na casa de Huston Smith[4] na nossa universidade de Nova York e muitos outros conhecidos e desconhecidos, talvez já mortos, mas sempre vivos; que eu possa agradecê-los aqui.

Minha gratidão vai também para todos aqueles com os quais eu compartilho esta prática há diversos anos, todos esses(as) "amigos(as) que encontrei no caminho", seja em monastérios, em centros de meditação ou durante essas longas caminhadas no deserto (Saara, Líbia, Síria, Egito...) e também ao subir todas essas montanhas santas (monte Kailash, montanha de Arunachala, monte Sinai, monte Fuji, Machu Picchu), sem esquecer Patmos, o monte das Beatitudes, o monte Tabor, "humildes montanhas", ou melhor, "colinas", caras ao "meu Mestre e Senhor e meu Deus", Aquele que me diz incessantemente: "Após ter chegado ao cume da montanha, não pare".

Será este um convite para subirmos ainda mais alto ou para voltarmos a descer? Sem dúvida, ambos, pois *O sentar e o caminhar* é um convite a integrarmos os contrários, não apenas a imobilidade e o movimento, mas também todos os elementos que constituem nossa vida.

"Mesmo que as folhas e raízes devam retornar à fonte, cada uma preserva a função que lhe é própria. A luz é também escuridão, mas não a vejam como escuridão; a escuridão também é luz, mas não a vejam como luz [...]"[5].

4. Huston Smith, nascido em 1919, é um estudioso das religiões. Seu livro *The world's religions* (As religiões do mundo) vendeu mais de 2 milhões de cópias e continua sendo uma popular introdução à religião comparada [N.T.].
5. *Sandokai*, de Shitu Xiquian, mestre chan do século VIII.

Nem embaralhadas nem separadas, luz e escuridão funcionam da mesma maneira que uma caminhada: o pé atrás e depois o pé na frente. Trata-se, portanto, de adquirir um determinado olhar que não mistura, que não opõe.

Nossa prática conjunta do sentar e do caminhar deveria nos conduzir a este ponto interno, além dos contrários, que chamamos de "centro" ou "o olho do coração", de onde nasce este olhar ao mesmo tempo novo e eterno.

Uma vida que não tem centro é uma vida que não tem sentido. A paz (*hesychia* para os gregos, *shalom* para os judeus, *shanti* para os indianos) é estar inteiramente aqui...

Faça alguma coisa sem estar centrado (distraído), faça a mesma coisa estando centrado (atento) – veja a diferença! O importante, qualquer que seja nossa prática, é estar centrado.

Sentar-se, sem que o coração esteja presente, é estar em uma vertical de tédio.

Caminhar, sem que o coração esteja presente, é estar em uma horizontal sem fruto.

O centro não é um ponto particular do corpo, mas uma abertura, um espaço no qual nós acolhemos tudo aquilo que é, com lucidez, gratidão e compaixão. Manter-se ali onde está o astro, ou o ato imóvel, o ato puro e primeiro, que, segundo Aristóteles, "faz girar a Terra, o coração humano e as outras estrelas"... Se isso não for Amor, a ele se assemelha...

Sente-se, caminhe, respire "amorosamente" sobre a terra, sob o céu, no Sopro... Tudo é absurdo, tudo é graça.

Parte I
O movimento e o repouso

"Sente-se e vá!" Duas palavras que devemos manter unidas se quisermos evitar os impasses do fechamento e da dispersão. "Vá" para não se fechar nem se deter naquilo que nos fascina ou aliena. "Sente-se" para não se dispersar nem se perder nos ímpetos ou nos desejos. Duas práticas complementares face à existência.

1

O SENTAR E O CAMINHAR

Aquilo que os antigos hebreus chamavam de *techuvá* – o "retorno" – e os cristãos de *metanoia* ou *épistrophè* – a "conversão" – são duas expressões do sentar e do caminhar.

Trata-se de voltar do exílio para reencontrar a terra primeira ou a terra prometida. Voltar é uma via (o caminhar). Reencontrar é a permanência (o sentar). São João Damasceno dizia, assim, que a conversão – *épistrophè* – é voltar daquilo que é contrário à nossa natureza àquilo que lhe é próprio. O caminho de retorno à sua verdadeira natureza (ou ao *Self*) é igualmente encontrado em outras tradições.

Há uma morada, um sentar, da qual estaríamos afastados, exilados ou expulsos ou que teríamos esquecido, ignorado... e um caminho, uma via, um caminhar, a volta para esta morada, com as etapas, as provações e os encontros aí compreendidos. Este é um esquema universal, que faz do ser humano um *Homo viator*. Incontáveis são os itinerários que descrevem a volta do homem ao país ou a volta da alma a Deus.

Dentre estes itinerários, eu privilegiarei a volta do homem a si mesmo, a volta "daquilo que eu sou", aqui, agora (*chronos*) ao "Eu sou o que Eu sou", aqui, no instante (*kairos*). É o caminho vertical, o caminhar, que conduz do real análogo e transitório à morada ou assento do Real soberano. Não é o caminho de Narciso rumo ao seu reflexo ou seu duplo, nem o caminho do homem rumo àquilo que ele pode conceituar, imaginar ou representar de si próprio. Trata-se, antes, de um caminho de aprofundamento da sensação, da consciência, do sentimento e do pressentimento. Não se trata de uma viagem para um outro lugar, um outro mundo ou um mundo além: o Real soberano não está em outro lugar senão em todo lugar, em todas as realidades que o manifestam.

A Vida não está em outro lugar senão nos seres vivos,

A Consciência não está em outro lugar senão nos seres conscientes,

A Liberdade não está em outro lugar senão nos seres livres,

O Amor não está em outro lugar senão nos seres amorosos,

Deus não está em outro lugar senão em todas as realidades onde Ele se encarna.

Por que iríamos procurá-lo em outro lugar? Ele é "mais eu do que eu mesmo e completamente outro que eu mesmo" (fazer apenas um com o Real não nos faz perder o sentido da analogia, há diferentes intensidades do Real que não podemos nem separar nem misturar). Trata-se, portanto, de descobrir a Realidade que está aqui desde sempre. O desvelamento (*apocalypsis* em grego) é o caminho.

O caminho da vida que eu tenho à Vida que Eu sou,

O caminho da consciência que eu tenho à Consciência que Eu sou,

O caminho da liberdade que eu tenho à Liberdade que Eu sou,

O caminho do amor que eu tenho ao Amor que Eu sou.

Este caminho é o caminho do retorno à Fonte, do "eu estou perdido" ao "eu me encontrei". Sabendo que o "eu me encontrei" é tudo, enquanto o "eu estou perdido" nada mais é do que o eu, o eu daquele que diz: "Penso, logo existo" ou "Penso, logo eu sou" e que se identifica à capacidade de pensar e aos seus pensamentos como outros se identificarão às suas sensações ou às suas emoções.

Por que é tão longo o caminho entre este "eu penso", "eu tenho prazer, eu tenho relações" e sua conclusão: logo "eu sou"? Este caminho não é um impasse, a conclusão "eu sou" nada mais é do que uma imagem, uma representação; uma ilusão, talvez? Não seria necessário reencontrar o caminho antigo dos verdadeiros filósofos e dos sábios que simplesmente afirmavam: "Eu sou. Eu sou isto. Eu sou tudo isto. Eu sou a Realidade"?

O "logo" não é necessário, não há uma conclusão a ser tirada, há apenas a experiência de ser real; isso é tudo. Eu sou, logo eu posso pensar, desfrutar, sofrer, morrer, imaginar deuses, religiões, políticas, pouco importa: "Eu sou..."

Eis um itinerário dentre outros, uma prática da volta do exílio, um caminho rumo à morada, por vezes esquecida, renegada ou vilipendiada, do Real soberano, que, segundo a parábola, não deixa nunca de nos aguardar, ou seja, de ser aquilo que Ele é, infinitamente disponível à escuta da nossa escuta, atento à nossa atenção.

1) Permanecer ou voltar incessantemente à simples sensação: "Eu sou" – vivê-lo em todo meu corpo, em todos meus sentidos.

Eu sou vivente, Eu estou vivo – isso respira, isto é agradável, desagradável, prazeroso, doloroso.

Eu sou isto – o sopro, o prazer, esta dor.

Ainda mais profundamente:

Eu estou vivo,

eu sou a Vida,

eu sou a Vida que sofre, que desfruta, que morre, que passa, que se dá,

que torna vivo tudo aquilo que vive e respira:

os pobres e os ricos,

os grandes e os pequenos,

os justos e os injustos.

Eu sou a Vida eterna.

"Eu sou".

2) Voltar incessantemente ao simples pensamento:

"Eu sou",

eu sou consciente,

não apenas eu sou a Vida e as manifestações da Vida,

mas eu estou consciente de estar vivo, de ser "eu",

uma forma única e particular na qual a Vida se encarna.

Eu estou consciente de estar vivo, eu estou consciente de ser, de ser isto.

Eu estou consciente de ser esta consciência de ser.

Eu sou Consciência.

Eu sou Luz que não apaga as coisas,

mas que permite que elas sejam conhecidas, de conhecê-las e de ser amadas.

Eu sou uma claridade que ilumina tudo aquilo que vive e respira, os justos e os injustos, os ricos e os pobres, os grandes e os pequenos.

Eu sou Consciência, eu sou Luz,

Eu sou Isto.

"Eu sou".

3) Voltar incessantemente à simples intuição ou pressentimento:

"Eu sou".

Eu sou livre

de todo condicionamento,

de todo limite,

de toda memória,

de todo saber,

de toda hereditariedade,

de todo passado,

de todo futuro.

Eu sou um espaço que contém e acolhe tudo aquilo que vive e respira:

os justos e os injustos, os grandes e os pequenos, os pobres e os ricos.

Eu estou presente,

presença real do Real soberano,

Eu sou Isto,

o incondicionado, o inominável, o impensável,

o intangível, o incriado, a infinita liberdade,

puro espaço, pura vacuidade,

Eu sou Isto.

"Eu sou".

4) Voltar incessantemente ao simples sentimento:

"Eu sou".

Eu sou bondade,

Benevolência,

"bem difusível de si mesmo",

amor – afeição – compaixão,

eu sou Isto.

Eu sou um sol que brilha e aquece

os justos e os injustos,

que ama os ricos e os pobres,

os grandes e os pequenos.

Eu sou o Amor que faz girar a Terra, o coração humano e as outras estrelas,

Eu sou Isto.

"Eu sou".

Esses exercícios não têm outro objetivo a não ser o de nos fazer sentir que "Eu sou" está aqui, vivo, consciente, livre e benevolente, e de nos re-centrar na sua presença real. Essa presença é "graça", "gratuidade", que não é da ordem do merecimento nem é algo que se possa comprar. Esses exercícios deveriam, portanto, ser praticados sem expectativa e sem exigência.

O Dom do Ser é oferecido ao nosso relaxamento e à nossa disponibilidade mais do que a algum ato de vontade ou esforço, ou seja, ele é oferecido à essência do coração que é gratidão.

A graça não pode nos faltar. O Real, como o Presente, não pode nos faltar, ele está sempre aqui!

Qual é este hábito, essa perversão (à qual se opõe a conversão), que faz com que sintamos falta "daquilo que está aqui, presente", que faz com que aquilo que sempre somos pareça sempre nos faltar?

A *métanoia*, mais do que a *épistrophè*, seria um meio mais radical de retornar ao Real que está aqui, presente. Ela tem como objetivo tirar o véu ou o obstáculo (*shatan*) entre nós e a Realidade: o mentiroso, o mental. O obstáculo não é apenas a psique, mas também o *noùs*, que é, sem dúvida, o reflexo mais puro do Real no homem, mas não deixa de ser um reflexo; ele é uma contemplação (*théoria*) do Real, mas não deixa de ser uma representação.

Através da *métanoia* haveria um acesso direto e imediato ao Real. "*Métanoiété*, dizia Yeshua, o Reino está aqui." Além do *noùs – méta-noia –* é o reino do Pneuma, do "Sopro-Espírito".

O momento da morte é o momento pelo qual nada mais é um obstáculo (*shatan*), nada mais perverte (*diabolos*) aquilo que está aqui, presente. É o desvelamento (*apocalypsis*) do Real. A morte não teria nada a ensinar àquele que estaria totalmente presente ao Todo que está aqui, no Presente. O Real, como o Presente, não nos faltam, somos nós que faltamos ao Real, somos nós que estamos ausentes.

A *métanoia* ou a *épistrophè* são duas maneiras de voltarmos da nossa ausência. Quando ultrapassamos ou silenciamos o mental e "deixamos ser aquilo que é e está aqui tal qual isto é e está" (*métanoia*), ou através da atenção, do louvor, da invocação, que nos faz voltar de nosso esquecimento ou de nossa distração àquilo que está aqui, presente (*épistrophè*).

A arte de estar presente, de ser a Presença real daquilo que é vivente, consciente, livre e amoroso, Presença real do "Eu sou" que é a Vida, a Luz, a Liberdade e o Amor. É a grande Arte, a arte da meditação ou, mais exatamente, da "vida contemplativa".

Tudo está aqui, o Real está aqui, nós estamos aqui; falta a percepção de que tudo está aqui. É desta maneira que o Real nos aparece como estando velado. Qual é a natureza do véu? Sem dúvida uma contração, uma tensão da percepção? A compreensão objetivante de um objeto que nos priva de uma compreensão mais global, mas nos priva, sobretudo, da não compreensão...

Abrir as portas da percepção é relaxar os olhos, as orelhas, os maxilares, as mãos, os pés e em seguida os órgãos internos... relaxar o cérebro, observar que ele também é suscetível à tensão cujos sintomas podemos "apreciar" no nível frontal ou na base da nuca. O estômago, o fígado, o coração, também são capazes de expressar um certo mal-estar, uma opressão; observar as tensões, senti-las sem julgá-las, "deixá-las ser" é, sem dúvida, um início de relaxamento.

A seguir, podemos descobrir que toda nossa assim chamada identidade é contração, mecanismo de defesa, reação contra aquilo que ela considera uma ameaça de aniquilamento; o medo de ser nada (em particular), ou o medo de ser tudo, são o mesmo medo. A *métanoia*, ou conversão, é quando descobrimos que o medo do nosso aniquilamento é uma ocasião (*kairos*) para a nossa realização; nosso real análogo realiza-se no Real soberano, nosso pequeno "eu sou" deixa ser o "Eu sou que é o que Ele é" (YHWH). A alegria nos invade – essa invasão nada destrói, ela é um frêmito do Todo.

Tudo é *maya, lila* ("jogo divino" em sânscrito). Tudo é Imaginação criadora.

Quando cessa a imagem, cessam o silêncio, a filosofia e a religião, cessa o jogo, cessa o "eu", cessam as representações do Todo e do particular, da Essência e da existência.

Permanecem o Todo e o particular, a Essência e a existência.

Permanece o Real.

Sentir nosso corpo como energia, como sopro, alargar o espaço que nós somos, sair do pacote de nós, de músculos retesados, de cérebro pesado; ser este sopro que vem de longe e que nada pode parar.

Sentir nosso corpo sólido, sem nos privar do nosso corpo fluido, depois ainda mais leve, nosso corpo aéreo...

Alguns falarão de um corpo angélico ou de um corpo de luz. É sempre o mesmo corpo, que se identifica cada vez menos àquilo que ele pode compreender, capturar ou objetivar de si mesmo.

Nossa fidelidade a um tempo privilegiado de meditação (sentar ou caminhar) não deveria ser difícil. Pois é um encontro com a alegria, com o Bem-Aventurado que somos. Graças a uma prática regular, nós nos "lembramos" disso a cada vez e ele não se deixa mais esquecer.

Mais doce do que os braços de Morfeu são os braços de Sofia: a Sabedoria que nos dá o repouso sem nos tirar a consciência. Relaxar nos braços de Sofia, confiar na sabedoria do Todo (criado e incriado) que opera através da transformação silenciosa e nos coloca ali onde estamos: presentes, vivos.

2

A MEDITAÇÃO: EXERCÍCIO TERAPÊUTICO, EXERCÍCIO FILOSÓFICO

Se a meditação é para nós um exercício terapêutico, nós temos pelo menos quatro boas razões para meditar.

Primeiro, nós meditamos para sofrer menos ou, ao menos, para vivermos nosso sofrimento de outra maneira. A meditação é um exercício de "grande saúde" cujo objetivo não é suprimir toda dor, o que seria uma dor ainda maior, uma ilusão, mas colocá-la no seu lugar para que ela não ocupe todo espaço. Meditar é uma maneira de cuidar do corpo, de relaxá-lo. É permitir que o corpo encontre o tônus adequado (nem crispado nem largado) a fim de acolher um sopro profundo e tranquilo para estar fisicamente centrado e atravessar as provações ou experiências do dia.

A "grande saúde" é também a saúde mental e é a segunda razão pela qual podemos praticar a meditação. Colocar ordem em nossas ideias, deixar a calma entrar em nossos pensamentos, tornarmo-nos capazes de silêncio e de atenção, ter o olhar claro e presente a tudo aquilo que nos acontece, livres dos pensamentos negativos, obsessivos e dos pacotes de memórias que se projetam incessantemente sobre aquilo que nos é dado a viver aqui, no instante. É desta maneira que um certo número de exercícios meditativos são hoje em dia ensinados nos hospitais e particularmente na psiquiatria para ajudar o doente a reencontrar, se não o "domínio" do seu pensamento, o uso da sua consciência.

Reencontrar o uso da sua consciência é também provar em nós o esboço de uma liberdade. Meditamos para sermos livres. Meditar é romper os vínculos que nos acorrentam ao nosso passado, às nossas angústias e, sem dúvida, aos nossos medos; é, sobretudo, ir além do olhar que os outros colocam sobre nós: família, sociedade, ciência, religião; é não nos fecharmos em todas as ideologias redutoras ou ilusórias que nos são impostas através do nosso meio ambiente ou nossa educação. É, sobretudo, parar de se identificar com esses entraves. Meditar é dar a si mesmo um espaço e um tempo de liberdade e de autonomia que podem nos permitir encontrar nosso lugar adequado não apenas na sociedade, mas também no universo (sem inflação e sem depressão).

Descobrir através da meditação este "espaço templo" de liberdade é descobrir sua liberdade de amar. Mas, aqui também, antes de sermos capazes de compaixão ou de amor incondicional, o coração precisa ser curado. Cura do espírito ou cura do coração caminham juntas, pois determinadas memórias traumáticas podem ser um obstáculo em nós ao movimento da Vida que se dá e que perdoa. A meditação permite que as memórias "venham à tona" – quando elas são acolhidas em uma boa postura, um espírito vigilante e um coração aberto, elas podem ser dissolvidas ou, pelo menos, parar de manipular nossos comportamentos.

É evidente que este processo de ab-reação[1] suave, que é por vezes a meditação, pode ser acompanhado por uma análise ou

---

1. Na psicanálise, o termo "ab-reação" indica a reaparição consciente de sentimentos até então recalcados [N.T.].

uma outra terapia que permitirá a plena eficácia e, desta maneira, devolverá à afetividade sua livre expressão – descarregada de seus componentes excessivamente emocionais. Nossa afetividade será, então, capaz de colocar-se à disposição da benevolência e até mesmo da doçura, da suavidade e da beleza.

Em suma, a meditação pode nos ajudar a:

- tornarmo-nos menos sofredores e mais vivos;
- estarmos menos agitados, menos ocupados mentalmente e mais conscientes;
- estarmos menos agitados, menos dependentes e mais livres;
- estarmos menos no medo e na agressão e sermos mais amorosos.

Desta maneira, o exercício que, de início, era considerado como terapêutico, pode revelar-se como um exercício filosófico ou espiritual que responde, além das suas necessidades e suas demandas, aos quatro grandes desejos que animam o ser humano:

- desejo de ser e de perseverar no ser: desejo de ser vivente;
- desejo de ser vivente, mas também desejo de conhecer, conhecimento de si e do universo, conhecimento e consciência daquilo que é verdadeiramente: desejo de ser consciente;
- desejo de ser livre, não apenas com relação às nossas memórias e aos nossos condicionamentos; desejo de liberdade com relação à finitude (aceitá-la é estar livre dela) e aos nossos determinismos: desejo de Infinito;
- desejo de amar e de ser amado, que é também desejo de ser feliz, desejo de uma beatitude não dependente do meio ambiente e das circunstâncias.

Esses quatro desejos estão estreitamente ligados uns aos outros: De que serve estarmos vivos e em boa saúde se não somos conscientes, se não somos livres, amados e amorosos?

Para que sermos conscientes se estamos doentes? De que serve isso se a consciência e a vigilância não nos libertam das nossas alienações, da nossa infelicidade e do nosso medo de amar?

Para que sermos livres se não temos um corpo onde experienciar esta liberdade, consciência para proclamá-la e um coração para doá-la?

Para que sermos amorosos se nosso corpo nada sente, se nossa consciência não ilumina nosso amor e se nós não somos livres para vivê-lo?

Estes quatro desejos são apenas um: desejo de um Real soberano que seria Fonte de Vida, de Consciência, de Liberdade, de Amor. É o desejo e a sede por este Real soberano que nos coloca a caminho rumo à Fonte. A meditação é um meio dentre outros para entrarmos em contato com a Fonte (da nossa vida, da nossa consciência, da nossa liberdade, da nossa afetividade) e ali nos refrescarmos.

Conscientes da nossa necessidade de cura à qual a meditação pode responder como exercício terapêutico, e conscientes do nosso desejo de iniciação ao qual a meditação pode responder como exercício filosófico ou espiritual, coloca-se, então, a questão da forma de meditação que nos é mais apropriada. Qual prática melhor nos convém? O que nos é proposto pelas abordagens contemporâneas e tradicionais da grande saúde e do Real soberano?

3

QUAL FORMA DE MEDITAÇÃO ESCOLHER?

Não existem meditações prontas a serem usadas, *pret-a-porter*, o que convém a um não é obrigatoriamente aquilo que convém ao outro. Querer impor uma forma de meditação particular sob o pretexto de que ela é universal, é uma atitude que encontramos entre diversos terapeutas, entre alguns mestres ditos "espirituais" e até mesmo entre os partidários de uma prática tradicional. Cada forma de meditação deve levar em consideração o corpo, o psiquismo e a busca interna de cada indivíduo (condicionado pela natureza e a cultura que o cercam). Assim, o reconhecimento prévio das nossas necessidades mais urgentes e dos nossos desejos mais íntimos poderá nos auxiliar no nosso discernimento.

Certas práticas meditativas insistem, antes de tudo, sobre a atitude do corpo, a observação das suas tensões, seu comportamento..., a meditação estará, então, centrada sobre a postura. "A postura é o buda", dizia mestre Deshimaru[2]. É apenas através

---

2. Yasuo Deshimaru, mais conhecido por Taisen Deshimaru (1914-1982), mestre budista zen nascido no Japão; fundador e principal inspirador de diversos dojos e grupos zen no Ocidente, particularmente na Europa [N.T.].

de uma justa postura que poderemos conhecer o despertar, "a postura que exclui a impostura".

Outros dirão que a postura ou a atitude do corpo não é primordial, que o importante é a atitude do espírito, a vigilância, a atenção a cada instante: quer estejamos sentados, deitados, de pé, imóveis ou caminhando, pouco importa; trata-se de mantermos o espírito claro, observar as projeções, as atrações, as repulsas que nos impedem de ver precisamente aquilo que está aqui, presente. Lembrar-se do corpo, ou deste ou daquele apoio no sensível, será considerado como uma preliminar, um suporte ou, melhor, concentração, mas não como uma meditação propriamente dita.

Para outros, a meditação não é nem uma atitude do corpo nem uma concepção do espírito buscando se ajustar o melhor possível àquilo que é e àquilo que acontece; é, sobretudo, uma abertura do espírito àquilo que o transcende. Graças a ela, ele poderá receber as informações e a clareza necessárias a um comportamento justo na realidade espaçotemporal que nos é familiar, sendo esta considerada um nível de realidade dentre outros. O fechamento neste nível de realidade espaçotemporal pode ser motivo de sofrimento e de ignorância. Meditar é manter aberto nosso "ser para a morte" a um Outro possível.

Enfim, certas práticas ou tradições colocam em relevo o "único necessário": trata-se de amar, qualquer que seja a postura, a atitude ou a abertura de espírito. Qualquer que seja a meditação (ou a terapia) que você praticar, pergunte a si mesmo se ela possui um coração.

Se uma postura impecável não fizer de você uma pessoa mais respeitosa, mais paciente, se a vigilância não despertar em você nenhuma compaixão, se ela permanecer sendo uma claridade fria, esta não é a luz do despertar, mas a luz da sua inflação que acredita ver e saber, mas apenas julga: Então de que serve tudo isso? Quanto à sua abertura à transcendência, se ela fizer de você um espírito superior que não se preocupa em servir e ter misericórdia, para que tudo isto?

Lembremo-nos da advertência feita pelo filósofo[3]: "Quem faz o anjo, faz o animal"; aqueles que ascenderam ao nível mais elevado nestas formas de meditação são aqueles que, por vezes, voltaram a descer aos níveis mais baixos, por exemplo, uma depressão, ou uma dificuldade recorrente em integrar o mundo e o quotidiano que eles consideravam como mundo inferior, de uma trivialidade insuportável.

É preciso lembrar? Nenhuma meditação tradicional pode pretender fechar o praticante em um dos elementos do composto humano (corpo – espírito – intuição ou afetividade). Aquilo que é próprio de uma meditação tradicional é, pelo contrário, conciliar o conjunto dos aspectos do ser humano na sua relação com aquilo que ele considera como Fonte da Vida, da Consciência, do Amor e da Liberdade. Uma meditação atenta pode insistir sobre um determinado aspecto ou função do composto humano e fazer deste aspecto ou função o ponto de partida da sua prática, mas, em hipótese alguma, ele fechará a pessoa neste aspecto ou função.

Reencontramos aqui as bases da psicologia profunda: todos temos em nós aspectos ou "funções" bem desenvolvidas, por vezes superdesenvolvidas e outros aspectos ocultos, esquecidos, por vezes, recalcados. Quando temos que tomar uma decisão, nós a tomamos após uma longa reflexão sensata, uma verdadeira análise? Ou a tomamos por impulso, em um movimento da

---

3. Referência a Blaise Pascal [N.T.].

nossa afetividade? Ou ainda, seguimos nosso instinto, um pressentimento que vem do ventre? Ou mantemos nossa escuta interna aberta na expectativa de uma mensagem ou de uma informação que viria de um nível de realidade considerado superior?

Esta simples questão pode permitir que reconheçamos nossa função dominante ou nossa função esquecida. Estamos mais à escuta do nosso corpo (instinto, sensação), do nosso mental (razão, inteligência), da nossa intuição (considerada aqui como abertura à transcendência, premonição) ou dos nossos sentimentos (emoção, afetividade)?

Para a psicologia profunda, a harmonia global de um ser humano é quebrada quando uma das funções desenvolve-se em detrimento das outras. As funções esquecidas estarão na origem daquilo que chamamos de "sombra". De acordo com cada pessoa, ela pode se manifestar de diversas maneiras: através da recusa do corpo e da sensualidade para alguns, pela desvalorização da dimensão racional, da análise ou da palavra para outros, pelo temor do desconhecido, do inexplicável ao qual temos acesso através da intuição ou do pressentimento.

Tudo aquilo que não é racional não é considerado como real, "aquilo que não se explica, não existe", dirão, por vezes, algumas pessoas diante das evidências que nos incomodam ou que incomodam o consenso ideológico (materialismo não científico) no qual vivemos. Para outros, enfim, a sombra pode se manifestar através da desconfiança para com a afetividade e tudo aquilo que escapa ao império dos sentidos e da razão. Se a sombra física é uma luz retraída que não se difunde, a sombra no nível afetivo é um amor retraído que não consegue se dar, uma vida que gira em torno dela própria e que nos corrói (*mahala* em hebraico – "doença" – significa "girar em círculos").

Ficaremos atentos, portanto, ao momento de escolher e de entrar em uma prática de meditação para discernirmos as funções que ela teria tendência a desenvolver e aquelas que ela poderia, senão negligenciar, ao menos manter à parte.

Não seria simples bom-senso propor a alguém que está particularmente ancorado no mental, uma prática que permite dar ao corpo e à afetividade todo seu lugar ou uma abertura apaziguada àquilo que ultrapassa suas explicações ou representações do mundo? Não seria igualmente simples bom-senso propor a alguém que está bem-ancorado no corpo, que se sente à vontade com a sensualidade e a sensorialidade, uma prática que busca abrir esta consciência corporal a outras formas de consciência e de atenção que darão à intuição e à afetividade seu justo lugar?...

Meditar é decolar ou aterrissar?

Para aqueles que têm tendência a permanecer demais no terra a terra, a experiência de um certo "voo", como poderíamos chamar, seria salutar e lhes revelaria aquilo que o espaço e o céu têm de tesouros a oferecer à Terra. Para aqueles cuja tendência é, pelo contrário, "planar", uma meditação que os enraíza no solo e no corpo lhes é, sem dúvida, necessária.

Meditar não é "sair do corpo", é encarnar-se ainda mais profundamente. Nosso corpo pode ser o país aonde jamais chegamos, aqueles que desenvolveram uma intuição muito elevada ou uma forte afetividade sabem bem disso.

Meditar é decolar e aterrissar, ganhar peso (em presença) e ficar mais leve.

Cada um sabe e sente se a forma de meditação que lhe é proposta lhe convém, ou seja, se ela responde às suas necessidades e aos seus desejos como os definimos no capítulo anterior. Mas cada um percebe, também, se ela desenvolve igualmente os aspectos e as funções ignoradas ou esquecidas de si mesmo, conduzindo, assim, a um equilíbrio mais profundo e a uma harmonia mais elevada. Estar em paz é estar inteiro. Uma prática justa de meditação não adula nossas tendências latentes ao retalhamento e à esquizofrenia, mas colabora em nosso caminho rumo à completude e à realização do nosso "ser inteiro".

As quatro maneiras de sentar

Cada método de meditação tem sua coerência própria, sua função particular. Ele tem igualmente a sua história, constituída pela linhagem daqueles que a transmitiram. O importante é praticá-lo "inteiramente" e não se esquecer que o objetivo desta prática é religar-nos à Fonte da nossa saúde (nosso *ki*, como chamam os japoneses), da nossa lucidez (nossa consciência), da nossa dignidade (nossa liberdade), da nossa felicidade (nossa capacidade de amar).

Sobre este caminho me foi dado encontrar diversas testemunhas conhecidas e desconhecidas do Real soberano do qual somos a manifestação. Seus semblantes e seus ensinamentos iluminam minhas práticas e meu caminho. Dentre eles, refiro-me particularmente a Karlfried Graf Dürckheim, Jean Klein, Krishnamurti e o padre Serafim. Cada um deles me inspirou este sentar em quatro dimensões que podemos integrar ao grande exercício da Presença real reconhecida e vivida no quotidiano:

1) o sentar na vida e no corpo que somos (a postura, o *hara*, a coluna vertebral, a retidão e o tônus, o sopro...);

2) o sentar na consciência que nós somos (a atenção, a vigilância);

3) o sentar no espaço que nós somos (a escuta, a abertura, a disponibilidade);

4) o sentar no coração que nós somos (a benevolência, a compaixão).

4

O SENTAR NO CORPO QUE NÓS SOMOS

O corpo é aquilo que a Vida nos mostra dela mesma, mesmo permanecendo oculta. É nossa maneira de estarmos aqui, de manifestá-la. O Real soberano se dá a conhecer nesta forma tão preciosa quanto frágil. Graf Dürckheim[4] gostava de me lembrar da distinção que podemos fazer entre o corpo que temos e o corpo que somos:

> [...] Existem três noções diferentes do corpo segundo o critério que adotamos, seja de saúde, de beleza ou, ainda, de transparência. Todos os exercícios

4. Karlfried Graf Dürckheim (1896-1988), diplomata, psicoterapeuta e filósofo alemão iniciado na escola do Zen Rinzai. Em 1919 ele começou a estudar política alemã, depois reorientou seus estudos para a filosofia e a psicologia. Em 1923 ele prepara uma tese de doutorado sobre a transformação do Ser (as formas da experiência vivida) e a psicologia analítica da situação. A partir de 1931 Dürckheim tornou-se professor de Psicologia em Breslau e, em seguida, em Kiel. Em 1935, ao trabalhar para o Ministério dos Assuntos Estrangeiros, ele efetua pesquisas sobre os fundamentos da educação japonesa e do budismo. Em 1937 ele é encarregado de uma missão cultural que tem como objetivo estudar as bases espirituais da educação japonesa. Ele volta à Alemanha em 1947, onde começa a trabalhar sobre as bases espirituais da sua "terapia iniciática". Com Maria Hippius, ele concebe e constrói, na Floresta Negra, um centro de formação e de encontros da psicologia existencial, que é também uma escola de terapia iniciática. Ele também contribuiu para a difusão do zen na Alemanha [N.T.].

de iniciação à via interna sempre têm por objeto a transparência do ser inteiro do homem, portanto, o corpo também está incluído. Mas quando falamos aqui de corpo, não se trata do corpo que temos, mas do corpo, da substância que somos e que não está aqui unicamente para preencher regular e fielmente todas suas funções; ele deve também manifestar o homem na sua totalidade e permitir que ele se realize no mundo [...][5].

Dizer que um homem ou uma mulher está "no seu assento"[6], que ele ou ela está à vontade, não indica apenas uma atitude do seu corpo físico, mas de toda sua pessoa com relação à sua maneira de estar aqui, em uma presença que dá testemunho do Real soberano, e não de um eu pretensioso e autossuficiente:

[...] No início da expiração, relaxe seus ombros. E aproveite a expiração para que ela o conduza e o faça descer até a sua bacia. Trata-se de se deixar cair no seu assento, na sua base. [...] Os franceses têm esta expressão: *être dans son assiette*[7]. Mas raras são as pessoas que se dão conta de que o assento, a base, é a bacia. Podemos dizer sobre um homem que não está na sua bacia que ele não está no seu *hara* (no seu centro) [...][8].

5. Karlfried Graf Dürckheim. *Exercices initiatiques dans la psycholothérapie* (Exercícios iniciáticos na psicoterapia). Le Courrier du livre, 1977.

6. Jogo de palavras em francês intraduzível para o português: *être dans son assiette* significa estar à vontade. A expressão *ne pas être dans sonassiette* significa que a pessoa não está no seu estado normal, que ela está pouco à vontade. A palavra *assiette* também refere-se a ter uma boa base, uma boa postura (*avoir une bonne assiette*), ter estabilidade [N.T.].

7. Cf. nota de rodapé anterior [N.T.].

8. Karlfried Graf Dürckheim. *Le Centre de l'être* (O Centro do ser). Coletânea de discursos compilados por Jacques Castermane. Albin Michel. Coleção "Spiritualités Vivantes", 1992.

Quais são os exercícios que permitirão que o ser humano se estabeleça no seu centro? Primeiro, a postura de meditação. Em um primeiro momento, Graf Dürckheim nada mais fará senão me propor a postura tradicional do zen tal qual ela é apresentada por Dogen[9]:

> [...] Escolher um lugar para se exercitar e ali colocar uma almofada grossa, depois colocar uma almofada por baixo, sobre a qual nos sentaremos. Ficar em uma das seguintes posturas: *Kekka-fuza* (lótus completo) ou *Hanka-fuza* (semilótus). No primeiro caso – *Kekka-fuza* –, é preciso colocar o pé esquerdo sobre a coxa direita e deixá-lo repousar ali, depois colocar o pé direito sobre a coxa esquerda e deixá-lo repousar ali. No segundo caso – *Hanka-fuza* –, basta colocar o pé esquerdo sobre a coxa direita. Usar roupas e um cinto largos, sem que eles jamais estejam desarrumados. Colocar a mão direita sobre o joelho esquerdo e deixá-la repousar ali, depois colocar a mão esquerda sobre a palma da mão direita e deixá-la repousar ali. Fazer com que as extremidades dos polegares se toquem. Manter-se ereto e conservar-se em uma posição sentada muito estrita. Não inclinar o corpo nem para a direita nem para a esquerda, nem para frente nem para trás. Cuidar para que orelha e ombro, de um lado, nariz e umbigo, de outro lado, sejam um prolongamento um do outro. Colocar a língua de tal maneira que ela encoste na mandíbula superior (o palato). Vigiar para que os lábios fiquem fechados e as duas fileiras de dentes repousem uma sobre a outra. Manter os olhos constantemente semifechados. Inspirar e expirar

---

9. Eihei Dogen (1200-1253), monge e filósofo japonês, um dos mestres que introduziu o zen-budismo chinês no Japão [N.T.].

suavemente pelo nariz. Esta é a melhor posição do corpo [...]¹⁰.

Para aqueles que se sentem incapazes de ficar nesta postura, muitas outras são possíveis: sobre os calcanhares, por exemplo (é bom colocar um cobertor enrolado sob o peito do pé para ficar mais elevado, ou colocar uma almofada entre os calcanhares e as nádegas, o que fará com que a postura seja menos dolorosa). Também podemos ficar simplesmente sentados sobre uma cadeira, sem encostar no espaldar, sentando-nos na beirada da cadeira, as pernas perpendiculares ao chão, os pés paralelos, as plantas do pé firmemente colocadas sobre o solo, os joelhos sempre mais baixos do que a bacia para que o centro vital se libere.

Quer seja no sentar, no caminhar ou em uma ação do quotidiano, o essencial é permanecer no centro vital que os japoneses chamam de *hara*.

> A palavra *hara* vem do japonês e significa, literalmente, "ventre". Seu sentido transposto é o de uma disposição do conjunto do homem no corpo que ele é. Esta atitude, livre do domínio do pequeno eu, está serenamente ancorada no seu centro terrestre (região do abdômen e da bacia). Se possuir um *hara*, o homem é capaz de encarar, facilmente e com serenidade, tanto as exigências do mundo quanto as da via interna.
>
> Para desenvolver o *hara* é preciso utilizar conscientemente a respiração natural: o aluno escuta sua respiração, a maneira como ela vai, vai, vai, vem – vai, vai, vai, vem, e ele utiliza o início da expiração para relaxar os ombros. Não soltar os ombros, e, sobretudo, não puxá-los para baixo (este seria apenas um movimento do corpo), mas relaxar, através do corpo que ele é, nos ombros.

10. Karlfried Graf Dürckheim. *Exercices initiatiques dans la psychothérapie* (Exercícios iniciáticos na psicoterapia). Op. cit., p. 55.

Um segundo movimento segue-se ao primeiro; "colocar-se". No final da expiração nos colocamos, nos "estabelecemos" na bacia. Entregar-se no lado de cima e estabelecer-se na bacia são dois aspectos de um único movimento, mas, para o iniciante, eles não se encadeiam naturalmente. Para se dar conta disso basta erguer primeiro os ombros, depois relaxar na parte de cima do corpo: constataremos que nada ainda se passou na região do abdômen e da bacia, a contração ali continua a mesma. É preciso, então, algo mais para estabelecer-se ali. Frequentemente, o aluno é mais ou menos capaz de relaxar o busto, mas ele ainda não consegue apoiar-se com confiança na bacia sem se curvar. É preciso que ele aprenda a observar que não apenas o busto sozinho, mas também todo o abdômen estão em um estado de contração que resiste ao relaxamento. O medo de entrar realmente em contato com o solo – medo que separa o homem das forças cósmicas – surge aqui[11].

Em Todtmoos Rüte, Graf Dürckheim nos propunha todos tipos de jogos para que tomássemos consciência do *hara* e da "força" (o *ki*, em japonês) que dele emana; desde o jogo da criança que brinca de se fazer pesada e que, apesar do seu pouco peso, só conseguimos levantar com muita dificuldade, até o exercício que consiste em formar um anel com o polegar e o dedo indicador.

Uma outra pessoa tenta afastar seus dedos. Se você não estiver ancorado no *hara*, o outro terá sucesso; se você possuir o *hara*, será impossível fazer com que você afaste os dedos e você terá a impressão de que a outra pessoa faz muito menos força do que no primeiro exemplo. Uma percepção afinada pode

---

11. Karlfried Graf Dürckheim. *Méditer, pourquoi et comment* (Meditar, por que e como). Le courrier du Livre, 1978.

permitir que sintamos que existe uma diferença não apenas na intensidade, mas também na qualidade da força aplicada.

Outro exercício destinado a facilitar a percepção da força *ki* contida no *hara*: o braço tensionado pode ser dobrado por uma outra pessoa quando tentamos resistir apenas com nossa vontade e não com o *hara*. Se possuirmos o *hara*, podemos até mesmo resistir com um sorriso e sem fadiga ao ataque do adversário, até mesmo mantendo o braço relativamente flexível[12].

Talvez mais interessante, mas, em todo caso, menos anedótico, é a insistência com a qual Graf Dürckheim nos pedia para integrarmos a consciência do *hara* no quotidiano. *Haragei* é a arte de fazer todas as coisas a partir do *hara*: arrumar um buquê de flores, servir o chá, cuidar de uma criança ou de uma pessoa enferma, dirigir o seu carro, permanecendo centrado em qualquer momento e particularmente durante as caminhadas:

> Existe esta bela história de um mestre da Antiguidade que tinha orgulho de poder dizer que ele reconhecia seus discípulos a uma centena de metros. Como? Pela nobreza da sua maneira de caminhar. Hoje nós raramente vemos alguém caminhando de maneira nobre. Os especialistas do esporte reúnem todas as forças que estão à sua disposição para que ela dure o tempo da performance física a ser realizada. Mas, esta tendo terminado, eles não possuem nenhuma consciência do corpo que eles são. Vocês irão dizer que a força corporal é uma questão de beleza, de moda? De forma alguma, é uma questão de precisão. É verdadeiro ou falso, de acordo com aquilo que exige nosso Ser essencial, que busca se realizar em uma forma existencial. A caminhada parte do *hara*,

12. Ibid.

do centro de gravidade. A caminhada lenta é um excelente exercício para reencontrar o *hara*[13].

Assim, o sentar no corpo que somos não é apenas a prática do sentar imóvel na postura que evocamos (no entanto, se quisermos ser honestos, é por aí que devemos começar e assim medir nossa dificuldade em permanecermos imóveis, felizes e tranquilos, nem que seja duas vezes uma meia hora por dia). O exercício do *hara* é um exercício ao mesmo tempo físico e filosófico, ele situa o ser humano no movimento da Vida que se dá e o conduz a uma transparência que está incessantemente vindo a ser, aquilo que Graf Dürckheim chama seu "Ser essencial", o Real soberano.

13. Karlfried Graf Dürckheim. *Le Centre de l'être* (O centro do ser). Op. cit.

5

O SENTAR NA CONSCIÊNCIA QUE SOMOS

Tanto quanto Karlfried Graf Dürckheim insistia sobre a importância do corpo e do seu ancoramento na grande Vida que nos atravessa, Jiddu Krishnamurti[14] nos convidava, através do tônus preciso e da entrega, a permanecermos livres com relação a toda postura, a toda atitude externa. Para ele, o importante era o sentar silencioso do espírito, através da atenção e da observação d'"aquilo que é", sendo que, "aquilo que é", é a totalidade daquilo que acontece tanto no interior quanto no exterior de todo ato consciente.

14. Jiddu Krishnamurti (1895-1986). A presidente da Sociedade Teosófica, Annie Besant, ao conhecer Krishnamurti ainda criança, convenceu-se que ele estava destinado a tornar-se um mestre espiritual. Com o consentimento do seu pai, tomou-o sob tutela e educou-o para tal fim. Em 1911 foi criada a Ordem da Estrela do Oriente, que tinha Krishnamurti na qualidade de líder. A Ordem da Estrela cresceu e floresceu durante vários anos, mas por volta de 1926 seus seguidores começaram a perceber que ele não tinha nenhuma intenção de ajustar-se ao padrão que para ele fora estabelecido. Em 1929 ele dissolveu a Ordem da Estrela, mas continuou dando conferências mundo afora, atraindo um público cada vez maior. Muitas das suas palestras foram transformadas em livro; falava sobre a natureza da mente, a meditação, relações humanas e a respeito da mudança positiva na sociedade. Pregava a revolução da psique de cada ser humano e enfatizava que esta revolução não poderia vir de fora, fosse através da sociedade, da política ou da religião [N.T.].

Sob as grandes árvores de Ojai, na Califórnia, onde gostávamos de ir escutá-lo, ele parecia nos convidar a uma experiência "imediata" do Real soberano, mas era preciso, primeiro, observar que este imediatismo era impossível enquanto nossa consciência estivesse obstruída pelo conhecido. O "mental" (*mind* em inglês) é o conhecido, ou seja, tudo aquilo cuja experiência tivemos, e é o mental que tomamos por medida quando tentamos conhecer o desconhecido. No entanto, é óbvio que o conhecido jamais poderá conhecer o desconhecido; ele só pode conhecer aquilo que ele viveu, aquilo que lhe foi ensinado, aquilo que ele acumulou.

Nosso mental consegue ter consciência da sua incapacidade de conhecer o desconhecido? Da sua incapacidade em conhecer o imediato sem projeções, sem pano de fundo? Da sua dificuldade em penetrar nas profundezas daquilo que está aqui, presente? Assim, antes de podermos nos sentar, antes de podermos entrar na base da consciência, é preciso "libertá-la do conhecido", ou seja, do passado, das memórias que constituem nosso eu. Neste caminho, todos nossos aprendizados, sejam científicos, filosóficos ou religiosos, são, antes, obstáculos; eles impedem o silêncio do espírito que "conhece".

Com Krishnamurti nós estamos mais em uma via de conhecimento – *jnana yoga* – do que em uma via de energia ou de devoção. "Não resta dúvida que, dizia ele, quando eu vejo muito claramente que o meu espírito não pode conhecer o desconhecido, faz-se em mim uma calma, um silêncio absoluto", eu deixo toda representação, eu saio do mental, não há mais "consciência de", mas apenas consciência; aqui começa a meditação:

> Meditar é esvaziar-se do conhecido. O conhecido é o passado. Não se trata de eliminá-lo após tê-lo acumulado; trata-se, antes, de não acumulá-lo de maneira alguma. Aquilo que foi só pode ser eliminado no

presente, e isso não acontece através do pensamento, mas através da ação daquilo que é. O passado é um movimento de conclusão em conclusão, ao qual é acrescentado o julgamento daquilo que é, pronunciado pela última conclusão. Todo julgamento é um regulamento e esta avaliação impede os espíritos de se desembaraçarem do conhecido, pois o conhecido é sempre uma apreciação, uma definição. O conhecido é a ação da vontade, e a vontade em ato é o prolongamento do conhecido, de maneira que a ação da vontade jamais pode esvaziar o espírito. Não podemos comprar um espírito vazio nos santuários das aspirações; tal espírito nasce quando o pensamento torna-se consciente dos seus atos e não quando o pensador torna-se consciente da maneira como ele pensa[15].

Eu não podia me esquecer que este homem tinha sido aguardado como o Messias, venerado como um deus. Era mais fácil compreender, então, suas reações contra toda forma de Igreja e de religião estabelecida, contra toda forma de dependência com relação a uma doutrina, uma ideologia ou um guru. Um homem que o seguia há muito me disse que naqueles últimos tempos ele estava menos violento para com os religiosos e as religiões. Ele reconhecia que algumas pessoas podiam ter necessidade disso, que a religião pode constituir uma ajuda durante um momento e que essa ajuda será sempre melhor que os doutrinamentos do consenso social ou dos holofotes publicitários, mas, aos seus olhos, isso não dispensava ninguém de estar sozinho e de ter que encarar sua própria realidade...

No entanto, a ascensão dos fanatismos e dos integralismos teria lhe dado razão e seu discurso no momento da dissolução da Ordem da Estrela continua atual para mim:

15. Krishnamurti. *La révolution du silence* (A revolução do silêncio). Stock, 1977.

> Afirmo que a verdade é uma terra sem trilhas; não importa qual rota seguirmos, não poderemos alcançá-la através de nenhuma religião, de nenhuma seita [...]. Se houver apenas cinco pessoas que queiram ouvir, que queiram viver, cujos semblantes estejam voltados para a eternidade, isso será o suficiente. De que adianta ter milhares de pessoas que não compreendem, definitivamente embalsamadas em seus preconceitos, que não querem nada novo, original, que preferem traduzi-lo e fazê-lo sob medida para sua individualidade estéril e estagnada? Desejo que aqueles que buscam me compreender sejam livres e que não me sigam, que não façam de mim uma gaiola que viria a se tornar uma religião, uma seita. Eles deveriam, antes, libertar-se de todos os medos: o medo das religiões, o medo da salvação, o medo da espiritualidade, o medo do amor, o medo da morte, o próprio medo da vida. Como um artista que pinta um quadro porque sua arte é sua alegria, sua expressão, sua glória, seu desabrochar; é desta maneira que eu ajo e não para obter o que quer que seja de quem quer que seja[16].

Gosto muito também desta citação contada por um de seus amigos, que para mim foi um eco das palavras ouvidas no monte Athos: "Não conhecemos a verdade, apenas aquilo que faz obstáculo à verdade".

> Nunca imaginei, dizia Krishnamurti, o que poderia ser a verdade. Jamais tive a sede de possuí-la. Como vocês podem querer possuir algo se vocês não sabem o que é? Mas eu conhecia todas as coisas que me acorrentavam, que mutilavam meu pensamento, minhas emoções, que desperdiçavam minha ener-

16. Ibid.

gia. Em suma, eu conhecia as coisas que são muito fáceis de conhecer. E, ao me libertar da sede interior, causa de diversos obstáculos, eu soube o que é a verdade; mas se alguém tivesse me dito o que ela é, se eu tivesse imaginado e se eu tivesse vivido minha vida em conformidade a esta ideia, esta não teria sido a verdade, esta teria sido uma coisa morta, uma realização transformada em cinzas[17].

Quando o espírito está silencioso, quando ele para de projetar no futuro e não se encontra mais no passado, sob as tensões do desejo ou da saudade, quando o espírito está realmente calmo, ou seja, no seu assento, na sua base e no seu fundamento que é o silêncio, então o Real soberano se manifesta. É inútil sair à sua busca e impossível convidá-lo; só buscamos e convidamos o conhecido – ora, não conhecemos o Real soberano, é ele quem deve vir. Mas ele só pode vir quando o campo estiver pronto, quando a terra tiver sido convenientemente trabalhada, "mas se vocês trabalharem para que o desconhecido venha até vocês, então ele lhes escapará", disse-me ainda Krishnamurti.

E, como muitos outros, "sentados ali", junto a ele, eu lhe perguntei: "Não seria isso morrer antes de morrer? Deixar as interpretações e os limites do pensamento para entrar em uma pura consciência atemporal?" Ele me respondeu: "Sim, é o mental e os pensamentos que criam o tempo; se seu espírito estiver silencioso, onde está o passado, o futuro? Há apenas a eterna presença". Ele tornou-se, então, um pouco mais irônico e incisivo: "Eu, que sou extremamente erudito e culto, eu fiz experiências e esforços incomparáveis – esse 'eu' pode chegar ao fim? O 'eu' é a lembrança de tudo isto, registrada na memória; este 'eu'

---

17. *La révolution du réel* (A revolução do real). Le Courrier du Livre, 1985.

pode, então, parar de existir? Sem que este fim seja ocasionado por um acidente ou uma doença, podemos, você e eu, conhecer este fim, enquanto estamos sentados aqui? Vocês descobririam, então, que não podem mais fazer perguntas estúpidas a respeito da morte e da continuidade, ou da existência de um mundo no além. Vocês conheceriam por si próprios, através do sentar, o fundamento da sua consciência: a resposta. Aquilo que é incognoscível em vocês (o Real soberano) teria eclodido. Então vocês rejeitariam todas essas histórias de reencarnação, assim como seus múltiplos medos: o medo de viver e o medo de morrer, o medo de envelhecer e de infligir a outros a corveia de se ocupar de vocês, o medo da solidão e da dependência, tudo isso chegaria ao fim e essas não são palavras vãs".

O homem que estava ali, diante de mim, tremia ligeiramente; um início de doença de Parkinson o fazia vibrar como uma folha já seca ao vento. A fragilidade do seu corpo evidenciava sua força e o sopro do Verbo que o habitava – o Verbo "ser", que continua a respirar naqueles que "escutam"...

6

O SENTAR NO ESPAÇO QUE SOMOS

Sem dúvida, onde eu mais senti a experiência do Real soberano, como espaço, como abertura, foi junto a Jean Klein[18]. Durante suas estadias na montanha da Sainte Baume e das refeições que compartilhávamos juntos, nada na sua presença parecia nos seduzir, alguns chegavam a dizer que lhe "faltava personalidade". No entanto, aí estava seu ensinamento: o ser que ele nos transmitia não era o seu ser, mas o próprio Ser. Não a presença "daquilo que eu sou", mas a evidência de "Eu sou".

Foi o que Pandiji, que ele considerava seu mestre, ou seja, aquele que compartilhava com ele a Realidade (com todos os astros, os homens e as formigas), havia-lhe transmitido: "Você é aquele que conhece seu corpo, seus sentidos e seu espírito, mas o conhecedor jamais poderá ser conhecido, pois você é isso e não há ninguém para conhecê-lo. Ele jamais poderá se tornar um objeto de observação, pois é a sua totalidade".

---

18. Jean Klein (1912-1998), mestre espiritual. Musicólogo e médico de formação, autor de diversas obras, ensinava também o yoga. Passou sua vida entre a Europa e os Estados Unidos, ensinando a filosofia da não dualidade (foi o primeiro a adaptá-la à sensibilidade ocidental). Muitos autores contemporâneos sentem-se herdeiros dos seus ensinamentos [N.T.].

Apagar-se na totalidade não é perder forma e consciência, é simplesmente relaxar, abrir-se e permanecer nesta abertura onde o Real soberano pode se desenvolver. Quando a abertura tornou-se nosso ser, não existe mais dualidade, todas as "coisas diferentes" expressam a beleza do Único.

Tudo isto pareceria ser pura especulação se este ensinamento não se enraizasse no corpo que somos, de uma maneira diferente da de Graf Dürckheim.

Jean Klein chama nossa atenção sobre o corpo energético e sobre a necessidade de uma certa "higiene", se quisermos torná-lo capaz de abertura e de disponibilidade.

> A identificação com aquilo que não somos é confirmada e reforçada pela contração no nível psicossomático. O conceito do "eu" não passa de uma contração no nível do corpo-pensamento. É uma defesa contra o medo de não ser ninguém. Quando chegamos a conhecer o corpo-pensamento, podemos descobrir mais claramente a natureza da identificação e assim deixá-la desaparecer. O corpo relaxado é um pensamento relaxado. Em um corpo e um pensamento relaxados, estamos abertos à receptividade acolhedora, estamos disponíveis, abertos à abertura. O corpo-pensamento relaxado, leve, energético, *sátvico*, é uma expressão próxima da sua verdadeira natureza. É quase impossível para um corpo-pensamento condicionado ser receptivo à verdade, ser aberto à graça[19].

19. Jean Klein. *Transmettre la lumière* (Transmitindo a luz). Éditions Du Relié, 1993.

William Blake[20] escreveu em *O casamento do céu e do inferno*[21]: "Se as portas da percepção[22] estivessem purificadas, então o mundo apareceria tal qual ele é: infinito".

"As portas, abram as portas!", diz ainda a liturgia ortodoxa, mas quem pode abrir as portas, sejam as da percepção, da afetividade ou da inteligência? É o cérebro cujos condicionamentos deveríamos descobrir, ou a hereditariedade, para dela nos libertarmos? Para descobrir que a presença do Real não está no aparelho, nem na mecânica sutil em que Ele se expressa: a melodia não está no rádio transístor, apesar de este ser útil para nos ajudar a ouvi-la.

Jean Klein é a única pessoa que eu já encontrei que propõe um exercício a partir do cérebro, cérebro que, sem dúvida, produz o pensamento, mas, assim como os outros membros do corpo, não é a sede da consciência.

> A usina de produzir pensamentos encontra-se no cérebro; penso que devemos conseguir chegar a relaxar o cérebro, o esquerdo e o direito. Quando estamos à escuta do cérebro, produz-se uma profunda entrega no nosso organismo. Nós percebemos os cérebros esquerdo e direito como esponjas, abrindo e

20. William Blake (1757-1827), pintor e poeta pré-romântico britânico. Ele consagrou-se, sobretudo, à poesia. Autor de uma obra inspirada por visões bíblicas de caráter profético [N.T.].

21. *The Marriage of Heaven and Hell*, relato em poesia e prosa escrito entre 1790 e 1793. Ficou célebre devido aos provérbios ou aforismas sobre o inferno [N.T.].

22. "As portas da percepção" (*The doors of perception*): essa expressão de William Blake ficou famosa (no original em inglês: *If the doors of perception were cleansed everything would appear to man as it is, infinite*); em 1954 Aldous Huxley escreveu um livro com este título no qual relata sua experiência com a mescalina. Esta expressão também serviu de inspiração a Jim Morrison ao escolher o nome do seu grupo de *rock*: The Doors [N.T.].

fechando, em constante vibração. Quando atingimos um estado de relaxamento absoluto, este movimento é bem mais sutil, um leve fechamento e uma leve abertura. Então, graças à visualização, podemos ligar nosso cérebro ao cérebro arcaico da nossa nuca. Quando estivermos na região do cérebro arcaico, perceberemos uma certa energia não orientada, uma pulsação que não se traduz por pensamentos e desejos particulares. Durante um certo tempo permaneceremos com esta pulsação de energia na qual os pensamentos e os desejos não têm nenhuma chance de chocar-se contra o cérebro. Ali existe também o abandono desta energia não orientada e nos encontraremos na região do coração, no centro. No centro, estaremos livres do espaço e do tempo[23].

"*Shema* Israel! Escuta!" Não é este o primeiro mandamento, o grande exercício? Esta escuta é também um abandono, uma confiança. É estabelecer-se em um espaço onde tudo aquilo que é pode chegar sem que nada seja fixado ou retido.

Eu acabaria por encontrar um eco deste ensinamento entre os mestres tibetanos, particularmente o Lama Gwendune Rimpoché[24]:

> Deixe este espírito, o seu, relaxar, sem artifício. Neste estado, observe o movimento dos pensamentos, estabeleça-se sobre este movimento, sem forçar. Neste

23. Jean Klein. *Transmettre la lumière* (Transmitindo a luz). Op. cit.

24. Mestre tibetano da escola Kagyupa do budismo tibetano Vajrayana. Nasceu em 1918 no Tibet e faleceu em 1997 na França. Recebeu a ordenação monástica aos 17 anos. Foi obrigado a deixar o Tibet e estabelecer-se na Índia quando o país foi invadido pela China em 1959. Estabeleceu-se na França em 1975 para propagar na Europa os ensinamentos orientais. Fundou o centro de Dhagpo Kagyu Ling em Dordogne, que se tornou um centro importante para a transmissão do Dharma. Fundou mais de 40 centros de retiro na França e um grande templo em Auvergne. O Karma Dharma Chakra foi a primeira congregação monástica não cristã a ser reconhecida pelo Estado francês [N.T.].

estado revela-se uma calma, não se apegue à calma, não tenha medo do movimento, não há diferença entre a calma e a atividade...

"Não se apegue à calma", isto é a calma; não se apegue a um estado de consciência particular, isto é a Consciência...

"A felicidade não se encontra através do esforço e da vontade, ela reside aqui, próxima, no relaxamento e no abandono. Não fique inquieto, não há nada a fazer."

"Não há nada a fazer", há a ser, a ser aberto. "Ao querer capturar o incompreensível, nós nos cansamos em vão. Assim que relaxamos este controle, o espaço está ali, aberto, hospitaleiro e confortável, então alegra-te e não busca mais, tudo já é seu..."

Eu me lembro deste espaço que envolvia o monte Kailash[25]. Sim, tudo estava ali desde sempre e para sempre, e eu ouvia o canto de Milarepa[26]:

> Tomem como exemplo o espaço, meditem a ausência de centro e de limite. Tomem o exemplo do sol e da lua, meditem sobre a claridade e sobre a sombra. Tomem a montanha como exemplo, meditem sobre aquilo que não se move e não se altera. Tomem o grande lago como exemplo. Meditem sobre as profundezas insondáveis. Meditem sem avidez ou desprezo.

Este sentar, como uma montanha no espaço, este sentar no aberto, no infinito, tem um coração. Eu descobri que até mesmo observar alguma coisa ou alguém, sem atração, sem aversão, sem indiferença, é o início da compaixão.

25. Montanha sagrada do Tibet [N.T.].
26. Milarepa (ca. 1040-ca. 1123), poeta, considerado um dos mais famosos yogis tibetanos, ajudou a difundir o budismo pelo Tibet [N.T.].

7

O SENTAR NO CORAÇÃO
QUE SOMOS

Foi o padre Serafim quem insistiu particularmente sobre "o sentar no coração", apesar deste estar presente em todas as formas de meditação tradicional, particularmente entre os tibetanos na prática do *tonglen* que é a prática do Dalai-Lama e que também encontramos entre os Terapeutas de Alexandria:

> Para desenvolvermos uma tal atitude devemos nos apoiar sobre um treinamento à meditação: a troca de si com os outros, a prática chamada de *tonglen* – tomar e dar.
>
> Primeiro, deixemos nosso espírito relaxar completamente e estabelecer-se um estado de repouso total, sem nos determos sobre nenhuma sensação ou percepção de nós mesmos e daquilo que nos cerca. Desenvolvamos a certeza de que tudo aquilo que se manifesta é nosso próprio espírito e não fiquemos mais apegados a compreender o mundo externo como se este fosse separado de nós. Permaneçamos simplesmente relaxados nesta consciência, o espírito perfeitamente calmo e apaziguado. Pouco a pouco nós tomaremos consciência do movimento da nossa respiração.

Deixemos este movimento se fazer naturalmente, sem buscar modificá-lo ou respirar de uma maneira particular. Imaginemos que a cada expiração os méritos e as virtudes que acumulamos desde a noite dos tempos, e que são a causa da nossa felicidade presente, saem de nosso corpo com o ar que nós expiramos e se dissolvem em todos os seres de todos os mundos. Esses méritos e virtudes têm a capacidade de fazer desaparecer todos os sofrimentos, todas as doenças e todos os obstáculos, da mesma maneira que o sol dissipa a névoa quando começa a brilhar. Todos esses seres sentem, então, um sentimento de grande alívio e de grande alegria.

Em seguida, nós imaginamos que, no momento da inspiração, todas as dificuldades, os males e os sofrimentos de todos os seres serão absorvidos em nós e se dissolverão no nosso coração e que, desta maneira, eles ficarão definitivamente livres desses males. Nós nos alegramos com a ideia de saber que eles estão livres do seu sofrimento e assentados para sempre na felicidade.

No final desta meditação nós nos estabelecemos em um estado de vacuidade no qual dissolvemos toda compreensão do fato de estarmos pegando a doença e o sofrimento em nós como algo que realmente exista. Nós nos libertamos das noções de sujeito, de objeto e de ato, de toda fixação. Permanecendo assim na vacuidade sem referência, nós ultrapassamos nosso medo de sermos contaminados pelo sofrimento dos outros.

Nosso voto de agir para o bem de todos os seres deve ser completamente desinteressado e incondicional. Ele deve igualmente aplicar-se a todos sem distinção, sem diferenciar aqueles que respondem positivamente e aqueles que rejeitam nossa ajuda.

É o próprio coração do Buda que "pensa" e pratica desta maneira:

> Que todos os seres sejam felizes, que eles estejam na alegria, em segurança e tenham saúde.
>
> Toda coisa viva, fraca ou forte, longa, grande ou média, curta ou pequena, visível ou invisível, próxima ou distante, nascida ou por nascer, que todos esses seres sejam felizes.
>
> Que ninguém decepcione um outro, nem tenha o mínimo desprezo por outro ser.
>
> Que ninguém, pela cólera ou pelo ódio, ou pela ignorância, deseje o mal a um outro, assim como uma mãe que, mesmo correndo perigo de vida, vigia e protege seu filho único; assim, com um espírito sem limite, devemos querer bem a todas as coisas vivas.
>
> Amem cada ser com ternura.
>
> Amem o mundo como um todo, em cima, embaixo e em volta, sem limitações, com uma bondade benfazeja e infinita. De pé ou caminhando, sentado ou deitado, trabalhando ou repousando, enquanto estivermos despertos, isto é belo e é bom cultivar este desejo, este voto.
>
> Isso se chama a suprema maneira de viver[27].

É esta suprema maneira de viver que me foi transmitida no monte Athos pelo padre Serafim. Evidentemente, para ele e para a tradição cristã ortodoxa, o Real soberano não tinha o rosto do Buda, mas o do Cristo. Se não existe outra realidade além da Realidade, não devemos nos surpreender que aqueles que dão testemunho do "coração do Real" assemelham-se, não pelo seu

---

27. *Metta Sutta*, ou "Discurso sobre a bondade benfazeja". Texto do cânone búdico.

físico, sua cultura ou seus rituais, mas pelos traços insistentes de força, nobreza e bondade que iluminam todos seus atos. Aliás, o padre Serafim cuidou de me lembrar que o "sentar do coração" ou a "base do coração" recapitulava todos os outros sentares, ou bases, que ele tinha me ensinado: os do corpo, da consciência e da abertura.

"Estar em uma boa postura, estar orientado de maneira ereta, na luz, respirar como um oceano, ainda não é toda a meditação hesicasta, dizia-me o padre Serafim, você deve aprender agora a meditar como um pássaro", e ele me conduziu a uma pequena cela próxima do seu eremitério, onde viviam duas pombas. De início, o arrulhar desses dois pequenos animais me pareceu charmoso, mas não demorou a me irritar de maneira desagradável. De fato, elas escolhiam justamente o momento onde eu estava caindo de sono para arrulhar suas mais doces palavras.

Perguntei ao padre Serafim o que tudo isso significava e se essa comédia iria durar ainda muito tempo. A montanha, o oceano, a papoula... ainda vá lá (apesar de podermos nos perguntar o que existe de cristão em tudo isto), mas agora me propor esses lânguidos galináceos como mestre de meditação, era demais!

O padre Serafim me explicou que no Antigo Testamento a meditação é expressa por termos provenientes da raiz *haga*, frequentemente traduzidos para o grego como *mélété, meletan*, e em latim por *meditari, meditatio*. Em seu sentido primitivo, esta raiz significa "murmurar em baixa voz". Ela é igualmente utilizada para designar a voz dos animais, por exemplo, o rugido do leão (Is 31,4), o pipilar das andorinhas e o canto da pomba (Is 38,14), assim como o grunhido do urso.

"Não temos ursos no monte Athos. É por esta razão que eu pedi para você ficar perto dos pombos, pois o ensinamento é o mesmo. É preciso meditar com a sua garganta, não apenas para acolher o sopro, mas para murmurar o Nome de Deus dia e noite... Quando estamos felizes, quase sem nos darmos conta, cantamos, murmuramos algumas vezes palavras sem nexo, e este murmúrio faz vibrar todo nosso corpo com uma alegria simples e serena.

Meditar é murmurar como as rolinhas, deixar subir o canto que vem do coração, assim como você aprendeu a deixar subir o perfume que vem da flor... Meditar é respirar cantando. Por enquanto, não vou me demorar muito sobre seu significado, mas eu proponho que você repita, murmure, cantarole aquilo que está no coração de todos os monges do monte Athos: *Kyrie eleison, Kyrie eleison...*"

Essa ideia não me agradava nem um pouco. Durante algumas celebrações de casamento ou enterro, eu já havia ouvido essas palavras, cuja tradução para o francês é: "Senhor, tende piedade". O padre Serafim deu um sorriso: "Sim, este é um dos significados desta invocação, mas há muitos outros. Ela também quer dizer: 'Senhor, envia teu Espírito! Que a tua ternura esteja sobre mim e sobre todos, que teu Nome seja abençoado' etc., mas não fique buscando compreender o sentido desta invocação, ela se revelará por si mesma. Por enquanto, esteja atento e seja sensível à vibração que ela desperta em seu corpo e seu coração. Tente harmonizá-la pacificamente com o ritmo da sua respiração. Quando os pensamentos o atormentarem, volte suavemente a esta invocação, respire mais profundamente, mantenha-se ereto e imóvel e você conhecerá um início de *hesychia*, a paz que Deus dá sem reservas àqueles que o amam".

Após alguns dias, o *Kyrie eleison* tornou-se um pouco mais familiar. Ele me acompanhava como o zumbido acompanha a abelha quando ela faz o seu mel. Eu nem sempre o repetia com os lábios; o zumbido tornava-se, então, mais interno e sua vibração, mais profunda. Tendo renunciado a "pensar" seu sentido, ele por vezes me conduziu a um silêncio desconhecido e eu me encontrei na atitude do apóstolo Tomé quando este descobriu o Cristo ressuscitado: *Kyrie eleison*, "meu Senhor e meu Deus".

A invocação me mergulhou aos poucos em um clima de intenso respeito por tudo aquilo que existe, mas também de adoração por tudo aquilo que se encontra oculto na raiz de todas as existências.

Todas as tradições que concordam em ver na época atual o fim de um ciclo da humanidade também concordam em afirmar que, em tal fase, a melhor esperança de salvação reside na meditação do Nome; é o método que melhor se adapta ao homem dos últimos tempos, a via mais segura...

Segundo Joel, o profeta: "Quando o sol se tornar treva e a lua se transformar em sangue [...] aquele que invocar o Nome do Senhor será salvo".

Para a tradição sufi, no final dos tempos, o homem só poderá realizar "um décimo da lei", e este décimo consiste na invocação do Nome.

Na tradição hindu, o *Vishnu-Dharma Uttara* é formal: "Aquilo que obtemos na primeira idade (a idade de ouro) através da meditação silenciosa, nas eras seguintes, através do sacrifício e da devoção, obteremos na última idade (a idade de ferro) celebrando *Keshava* (*Vishnu*) e, ainda, no *Kali-yuga* (a idade sombria), basta a repetição do Nome de *Hari* para destruir todos os erros".

Shri Rama krishna[28] chegou a dizer que "a lembrança permanente de Deus é o *dharma*. A lei própria a esta idade".

Algumas formas de budismo consideram igualmente que, na idade presente, o que temos a fazer é nos arrepender das nossas transgressões, cultivar as virtudes e pronunciar o nome do Buda Amitabha[29].

Em um mundo semeado de obstáculos, repleto de sutis tentações, o Buda aconselha "concentrar-se na recitação do seu Nome".

Poderíamos multiplicar as referências. Está escrito no Corão: "Lembrem-se de mim, Eu me lembrarei de vós. [...] Nada é maior do que a invocação de Deus".

É isso que diziam os monges do Egito e da Síria, e também o *Mahabharata*[30]: "De todas as atividades humanas, a invocação é a mais elevada (o *japa*)".

O *Shiva-Samhita*[31] acrescenta: "Através da repetição do mantra, ganhamos a beatitude neste mundo e no outro [...] Re-

---

28. Ramakrishna (1836-1886), místico bengali hinduísta. Muitos discípulos e devotos acreditavam que ele era um Avatar ou encarnação de Deus. Devoto e sacerdote de Kali, ele ensinava o AdvaitaVedanta; professava que "todas as religiões buscam o mesmo objetivo" e colocava a espiritualidade acima de todo ritualismo [N.T.].

29. Segundo a tradição, é o Buda que reina sobre a "Terra pura ocidental da Beatitude", mundo maravilhoso, puro, perfeito, desprovido de mal, de sofrimento e aborrecimentos. Equivale ao Nirvana, segundo algumas concepções. O Buda Amitabha é também chamado de "o Buda dos Budas" [N.T.].

30. Escrito em sânscrito, o *Mahabharata* é um dos maiores textos épicos da antiga Índia. Alguns estudiosos o consideram o texto sagrado de maior importância dentro do hinduísmo e pode ser considerado como um verdadeiro manual de psicologia evolutiva do ser humano [N.T.].

31. Texto em sânscrito sobre o hatha yoga, escrito no século XVII (autor anônimo). O texto é um diálogo entre o deus hindu Shiva e sua consorte Parvati. É um dos três textos clássicos sobre o Hatha Yoga, sendo considerado o mais compreensivo e democrático [N.T.].

cebido de um mestre, o mantra deve ser dito com grande cuidado, sem pressa nem demora, com um coração confiante e atento, meditando sobre seu segredo".

Em seu belo livro sobre o monte Athos, Jean Biès precisa: "Na Índia se diz que tomamos o Nome ao invés de entrar em uma religião ou tomar o hábito"[32].

Nas tradições semitas, o Nome é também a Presença, a Energia. Não se trata de invocar qualquer um ou qualquer coisa; da mesma maneira que nos tornamos aquilo que amamos, nos tornamos aquilo que pensamos, aquilo que invocamos.

Nos monastérios gregos ortodoxos, geralmente a invocação é *Kyrie eleison* e, nos monastérios russos, *Gospodipomijul*.

Antes de me introduzir a uma prática mais elevada e mais silenciosa, mais próxima do *Abba* que, para Jesus, era a oração do coração, o padre Serafim aconselhou-me a me deter longamente sobre a invocação do Nome de Yeshua, não apenas porque neste Nome estão as quatro letras do Tetragrama sagrado – YHWH – o Nome inefável, "Aquele que é o que Ele é", mas porque este Nome era para ele, assim como para Máximo o Confessor, um "arquétipo da Síntese". É o Nome de Deus e o Nome do homem em um único Nome, é o Arquétipo do Encontro entre o humano e o divino, o finito e o infinito, o eterno e o tempo.

"Quando você invoca o Nome de Yeshua no ritmo da respiração, você não se esquece da humanidade, você não se esquece da divindade; não existe Deus sem o homem, não existe homem sem Deus. O Nome de Yeshua coloca seus pés sobre a terra e o eleva aos céus. Nele nada está separado, este Nome é criador de

---

32. Jean Biès. *Mont Athos* (monte Athos). Albin Michel, 1963.

equilíbrio, ele favorece a integração e a síntese em você, ele é o instrumento que hoje Deus nos dá para nossa *theosis* (divinização).

Você pode invocar o Nome e, ao mesmo tempo, visualizar seu Semblante, esta é a função dos ícones: despertar este semblante em ti; o ícone e o Nome o conduzem à Presença soberana que poderia 'reinar' em seu coração. Agora que você sabe meditar como uma montanha, como uma papoula, como um oceano, como uma rolinha, você pode começar a meditar como um ser humano, meditar como Abraão."

Até este ponto, o ensinamento do *starets* era da ordem do natural e do terapêutico. Os "antigos", segundo o testemunho de Fílon de Alexandria, eram, de fato, terapeutas. Seu papel, antes de conduzir à iluminação, era de curar a natureza, colocá-la em condições favoráveis para que ela pudesse receber a graça, sendo que a graça não contradiz a natureza, mas a restaura e a realiza.

Era isso que o padre Serafim fazia comigo, ensinando-me um método de meditação que alguns poderiam qualificar de puramente natural. A montanha, a papoula, o oceano, o pássaro, todos esses elementos da natureza que lembram ao homem que ele deve, antes de ir mais longe, recapitular os diferentes níveis do ser ou, ainda, os diferentes reinos que compõem o macrocosmo: o reino mineral, o reino vegetal, o reino animal. Frequentemente, o homem perdeu o contato com o cosmos, com o rochedo, com os animais, e isso não se dá sem que sejam provocados nele todo tipo de doenças, de mal-estares, de inseguranças e ansiedades. Ele sente que está sobrando, estrangeiro e estranho ao mundo.

Meditar é, antes de tudo, entrar na meditação e no louvor do universo, pois, segundo os Padres, "todas as coisas sabem orar antes de nós". O homem é o lugar onde a oração do mundo toma consciência de si mesma; ele está aqui para nomear aquilo que todas as criaturas balbuciam. Meditar como Abraão é entrar em uma consciência mais nova e mais elevada que chamamos de fé, ou seja, a adesão da inteligência e do coração a este "Tu" – ou este "Você" – que é, que transparece no relacionamento múltiplo de todos os seres. Tais são a experiência e a meditação de Abraão: por trás do frêmito das estrelas há mais do que apenas estrelas, há uma Presença difícil de nomear, que nada pode nomear e que, no entanto, possui todos os nomes...

É o coração que pode sentir isto. Existe ali algo a mais que o universo e que, no entanto, não pode ser compreendido fora do universo. A diferença que existe entre Deus e a Natureza é a mesma que existe entre o azul do céu e o azul de um olhar... Além de todos os azuis, Abraão estava em busca deste olhar...

Após ter aprendido o sentar, o enraizamento, a orientação positiva para a luz, a respiração pacífica dos oceanos, o canto interno, eu fui, desta maneira, convidado a um despertar do coração. "Eis que, de repente, somos alguém". Aquilo que é próprio do coração é, de fato, personalizar todas as coisas e, neste caso, personalizar o Absoluto, a Fonte de tudo aquilo que é e respira, nomeá-lo, chamá-lo de "meu Deus, meu Criador" e caminhar em sua presença. Para Abraão, meditar é entreter, sob as aparências mais variadas, o contato com esta Presença.

Esta forma de meditação entra nos detalhes concretos da vida quotidiana. O episódio do carvalho de Mambré nos mostra Abraão "sentado à entrada da tenda, na hora mais quente do dia" e ali ele vai acolher três estrangeiros que vão revelar serem enviados de Deus. "Meditar como Abraão, disse-me o padre Serafim, é praticar a hospitalidade: o copo d'água que você dá àquele que tem sede não o afasta do silêncio, ele o aproxima da fonte. Você deve compreender que, ao meditar como Abraão, você não desperta apenas a paz e a luz em si, mas também o amor por todos os homens." E o padre Serafim evocava a famosa passagem do livro do Gênesis na qual fala-se da intercessão de Abraão: "Abraão ficou de pé na frente de YHWH, "Aquele que é, que era, que será". Ele aproximou-se e disse: "Tu vais realmente suprimir o justo junto com o pecador? Talvez haja cinquenta justos na cidade, Tu vais realmente suprimi-los e não irás perdoar a cidade devido aos cinquenta justos que estão em seu seio?" (18,23-24).

Pouco a pouco Abraão teve que reduzir o número de justos para que Sodoma não fosse destruída. "Que o meu Senhor não se irrite e eu direi uma última vez: talvez existam dez" (18,32).

Meditar como Abraão é interceder pela vida dos homens, nada ignorar da sua podridão e, no entanto, "nunca desesperar da misericórdia de Deus".

Este tipo de meditação liberta o coração de todo julgamento e de toda condenação, em todos os tempos e em todos os lugares; quaisquer que sejam os horrores que lhe sejam dados a contemplar, ele clama o perdão e a bênção.

"Meditar como Abraão conduz ainda mais longe..." As palavras tinham dificuldade em sair da garganta do padre Serafim, como se ele quisesse me poupar de uma experiência pela qual ele próprio teve que passar e que despertava um sutil tremor em sua memória: "Isso pode chegar até o sacrifício." E ele citou a passagem do Gênesis na qual Abraão se mostra pronto a sacrificar seu próprio filho, Isaac. "Tudo pertence a Deus, continuou o padre Serafim em um murmúrio. Tudo é d'Ele, por Ele e para Ele; meditar como Abraão o conduz a este total desapossamento de si mesmo e daquilo que você possui de mais caro... Busque aquilo que lhe for mais caro, aquilo com o qual você identifica o seu eu: para Abraão, era o seu filho, seu único filho. Se você for capaz deste dom, deste abandono total, desta infinita confiança naquele que transcende toda razão e todo bom-senso, então isto lhe será dado de volta, multiplicado por cem: "Deus proverá".

Meditar como Abraão é ter no coração e na consciência "nada mais a não ser Ele". Enquanto subia até o cume da montanha, Abraão pensava apenas no seu filho. Quando ele desceu, ele pensava no filho que Deus lhe tinha dado.

Passar pelo ápice do sacrifício é descobrir que nada pertence ao eu. Tudo pertence a Deus. Esta é a morte do ego e a descoberta do *Self*. Meditar como Abraão é unir-se através da fé Àquele que transcende o universo, é praticar a hospitalidade, interceder pela salvação de todos os homens. É esquecer-se de si mesmo e romper os vínculos mais legítimos para descobrir a si mesmo, descobrir seu próximo e todo o universo, habitados pela infinita presença "d'Aquele único que é".

Dentro da tradição zen, talvez fale-se menos de sacrifício e mais de entrega ou desapego. Não é o supremo desapego que é pedido a Abraão? Não é também a entrega ou sacrifício do seu ego, do seu ponto de vista "humano, humano demais" para despertar a uma outra dimensão, despertar no próprio coração do Cristo no coração do homem?

Quando pedi ao padre Serafim para me falar mais do Cristo e deste despertar do coração, que na tradição é o "centro vital humano-divino", ele ficou com um ar perturbado, como se eu lhe tivesse pedido algo indecente, como se fosse necessário revelar seu próprio segredo. Quanto maior é a revelação que recebemos, tanto maior deve ser a humildade para transmiti-la. Sem dúvida, ele não se sentia humilde o suficiente: "Apenas o Espírito Santo pode ensinar-lhe isto. '[...] ninguém, fora o Pai, sabe quem é o Filho e apenas o Filho sabe quem é o Pai e aquele a quem o Filho quiser revelá-lo' (Lc 10,22). É preciso que você se torne filho para orar como o filho e manter com Aquele que ele chama de seu Pai e nosso Pai as mesmas relações íntimas que Ele tem; isto é obra do Espírito Santo. Ele lhe lembrará todas as palavras de Jesus. O Evangelho ficará vivo em você e ele lhe ensinará a 'orar da maneira devida'".

Eu insisti: "Diga-me mais alguma coisa". O ancião deu um sorriso: "Agora, ele disse, o melhor seria eu começar a latir. Mas você vai achar que este é mais um sinal de santidade. É melhor simplesmente lhe dizer as coisas. Meditar como Jesus é recapitular todas as formas de meditação que eu transmiti a você até agora. Jesus era o homem cósmico. Ele sabia meditar como a montanha, como a papoula, como o oceano, como a pomba. Ele também sabia meditar como Abraão. Seu coração não conhecia limites, Ele chegava até mesmo a amar seus inimigos, seus carrascos: 'Pai, perdoa-os, eles não sabem o que fazem'. Praticava a hospitalidade para com aqueles que eram chamados de doentes e pecadores, os paralíticos, as prostitutas, os colaboracionistas... À noite ele se retirava para orar em segredo e ali, como uma criança, ele murmurava *Abba*, que quer dizer 'papai'... Pode lhe parecer terrivelmente derrisório chamar de 'Papai' o Deus transcendente, infinito, incomparável, que está além de tudo! É quase ridículo e, no entanto, esta era a oração de Jesus e, nesta simples palavra, tudo era dito. O céu e a terra tornavam-se incrivelmente próximos. Deus e o homem faziam apenas um... Talvez seja necessário ter sido chamado de 'papai' à noite, para compreender isto... Mas hoje, essas relações íntimas de um pai e de uma mãe com seu filho talvez não queiram dizer mais nada, talvez esta seja uma imagem ruim...

É por isto que eu prefiro nada dizer, não utilizar imagens e esperar que o Espírito Santo coloque em você os sentimentos e o conhecimento que estavam no Cristo Jesus e que este *Abba* não venha da ponta dos lábios, mas do fundo do coração. Neste dia você começará a compreender o que é a oração e a meditação dos hesicastas".

Não se deveria opor a oração do coração à meditação com o *hara*; o importante é estar centrado. Como já dissemos, uma vida sem sentido é uma vida sem centro; quando fazemos todas as coisas estando centrados, isso muda tudo: nosso olhar, nossa maneira de ser. Na tradição hesicasta devemos estar centrados no coração, lugar de integração do mental e do vital. O coração é o órgão da relação que permite que passemos do mundo dos objetos ao mundo das presenças; a vida não é mais apenas uma energia anônima, ela é uma Presença.

8

A FELICIDADE ESTÁ NO CAMINHAR

Perguntei aos homens que caminham: "Pode-se viver desta maneira, um passo após o outro, viver como se passeássemos, de maneira leve? Poucos me responderam, pois eles estavam preocupados e apressados em chegar a algum lugar. No entanto, alguns tiraram, junto com um pouco de pão e alguns figos, uma ou duas palavras das suas bolsas surradas. São essas palavras que, ainda hoje em dia, acordam-me de madrugada, me mantêm de pé e, quando quero ficar na cama ou colocar minhas mais profundas fadigas em boa postura, elas me lembram que a felicidade encontra-se no caminhar.

"Caminhe suavemente sobre a terra, ela é sagrada"

Lembro-me de um homem que falava com as árvores, ou melhor, que sabia escutar as árvores e encontrar o bom-senso junto a elas. Pois as árvores sabem se enraizar profundamente na terra, na matéria e, ao mesmo tempo, crescer eretas rumo à luz. Em um mesmo movimento a seiva cresce em direção às raízes e cresce em direção ao alto, ao céu.

Um dia, ele me disse ainda essas palavras: "Caminhe suavemente sobre a terra, ela é sagrada..."

A felicidade está no caminhar e, sobretudo, na maneira de caminhar. Existe uma maneira de caminhar que faz de nós turistas, uma outra que faz de nós andarilhos e uma outra, ainda, que nos faz peregrinos. Não se trata de opor umas às outras.

Caminhar como um turista é caminhar sobre a crosta da terra. Caminhar como um andarilho é conhecer a seiva, entrar no movimento, na própria energia do universo e à noite voltar carregado dos odores da natureza, da floresta que foi atravessada, talvez do javali cujas pegadas seguimos... Caminhar como um peregrino é caminhar próximo do Sopro que está na seiva, caminhar com aquilo que informa a seiva e dá à árvore sua crosta, sua casca, sua retidão viva à margem do caminho.

Não se trata de opor a crosta, a seiva e o Sopro; de opor o turista, o andarilho, o peregrino, mas simplesmente lembrar que a terra santa está sob nossos passos. Ela não está aqui, ela não está ali; é a nossa maneira de caminhar, a qualidade da nossa caminhada que torna a terra santa ou "profanada".

Hölderlin[33] diz que "é poeticamente que devemos habitar a terra"; poderíamos dizer que é poeticamente que devemos caminhar sobre a terra. E caminhar poeticamente, caminhar de uma maneira que qualifique cada um dos nossos passos é caminhar em profundidade, não apenas ao largo... Cada passo pode nos conduzir a nós mesmos, àquele que habita as profundezas que cada um de nós é e que é revelado pela caminhada... À medida que caminhamos deixamos para trás um certo número de bagagens, de máscaras, nós reencontramos nosso verdadeiro semblante e a Presença d'Aquele que caminha no próprio coração da nossa caminhada.

---

33. Friedrich Hölderlin (1770-1843), poeta e filósofo alemão [N.T.].

Existe uma maneira de pisotear a terra e existe uma maneira de ser carregado por ela. É o próprio mito do paraíso perdido e da queda. O paraíso é a comunhão com o Invisível através das espécies do mundo, através das formas do espaço e do tempo: comungar com o Invisível através do visível. A queda é cair deste estado de comunhão, de relação íntima com o Ser, os seres e as coisas, para um estado de consumo onde não comungamos mais, onde consumimos os seres e as coisas. Passamos, então, de um mundo que poderíamos qualificar de sagrado, pois ele está saturado de Presença, a um mundo profanado, atormentado pela ausência. Caminhar como Adão quando ele passeava na "leve brisa" do entardecer. Reencontrar a profundeza sob nossos passos. Caminhar poeticamente sobre a terra.

Alexandre Soljenitsin[34], em *Um dia na vida de Ivan Denissovitch*, conta a história deste condenado a trabalhos forçados em um campo de concentração que, diante da sua gamela de favas, ao invés de se jogar sobre a comida, comungava. Existe uma maneira de se alimentar e existe uma maneira de caminhar, que comunga com os seres e as coisas. Quando entramos nesta dimensão espiritual, não se trata mais de "consumir" quilômetros ou, como dizemos de maneira por vezes um pouco vulgar: "Eu dei uma volta pela Grécia!" O sábio taoista Lao Tsé nos lembra em um dos seus diálogos que podemos dar a volta ao mundo sem termos dado um único passo para fora de nós mesmos, ou seja, para todos os lados podemos levar conosco o mesmo olhar, as mesmas projeções e nada ver.

❧

34. Alexandre Soljenitsin (1918-2008), escritor, dramaturgo e historiador russo, autor igualmente de *O arquipélago Gulag* e *A roda vermelha*. Suas obras conscientizaram o mundo sobre a realidade dos *gulags*, sistema de campos de trabalho forçado existentes na antiga URSS. Recebeu o Nobel de Literatura em 1970 e foi expulso da sua terra natal em 1974 [N.T.].

Falando de maneira concreta, caminhar suavemente sobre a terra é colocar um pé na frente do outro e saber onde estamos colocando nosso passo. Caminhar suavemente sobre a terra é permanecer na ternura do respeito. Isso nos remete a uma das Beatitudes do Evangelho: "Bem-aventurados os mansos, eles possuirão a terra". A terra resiste aos violentos, àqueles que querem consumi-la, consumá-la; ela se dá àqueles que a tratam com suavidade e doçura.

O velho homem me disse: "Se caminhares suavemente sobre a terra, ela não te acolherá como a um estrangeiro, ela te acolherá como uma mãe, ela não acolherá apenas o teu pó, ela te devolverá o teu sopro, o sopro com o qual tu a iluminastes, com o qual a fizestes respirar. Caminha suavemente sobre a terra, ela é sagrada..."

"O teu caminho possui um coração?"

Uma outra frase para me "manter de pé" me foi dada por alguém que gostava muito das obras de Carlos Castañeda: "Não importa qual seja o seu caminho, qualquer caminho que você seguir, pergunte-se se este caminho possui um coração. Você pode caminhar sem mapa e sem guia, mas não caminhe sem bússola!"

Não se trata apenas de caminhar suavemente, trata-se de caminhar estando orientado, tendo em si próprio um ponto de referência, uma bússola. Sob neblina, em momentos difíceis, ela nos indica o norte, ela nos orienta, ela impede que fiquemos desorientados no sentido físico do termo. Ter uma bússola é ter um centro, é estar centrado. E, para um ser humano, é ter um coração, não apenas no sentido do órgão dos sentimentos, da emoção ou do afeto, mas um coração como lugar de integração de todos os elementos da nossa personalidade, como centro onde nossa inteligência e nossas pulsões se encontram, se reintegram.

Ter um coração é estar centrado. Podemos caminhar "com coração" ou caminhar "sem coração". Quando o caminho nos é imposto, não desfrutamos dele de verdade. Por outro lado, quer nos percamos ou nos afastemos, se o coração estiver presente e se caminharmos na sua presença, uma luz estará presente no caminhar. "Vá, vá onde teu coração o leva", diz o Kohelet[35]. Ir onde nosso coração nos leva é um risco que por vezes nos conduz a impasses, esses "caminhos que conduzem a lugar algum" (*Holzwege*[36]), como nos fala o filósofo Heidegger. Não confundamos o coração bússola e o coração cata-vento. Saibamos qual é a nossa bússola e qual é o nosso cata-vento.

Qual é o nosso cata-vento que está sempre pronto a girar à guisa de todos os ventos? Para alguns, será a cabeça, o mental, os pensamentos que seguem todos os ventos, todas as modas. Ele indica para onde vai o vento, talvez o que se passa no presente, mas ele não indica a direção justa a ser tomada. Para outros, serão as emoções. Por trás do cata-vento que somos por vezes, trata-se de reencontrarmos a bússola; seu coração, seu oriente, sua orientação para a luz. Nas nossas vidas o mais difícil é saber o que realmente desejamos. Uma multidão de desejos nos assaltam e nos desorientam. Qual é o nosso desejo profundo? Aquele que nos conduz exatamente ao Oriente, à Luz? Manter-se próximo deste desejo é manter-se próximo do seu próprio caminho. "É melhor morrer sob sua própria lei do que sob a lei de outrem",

---

35. Kohelet ou Eclesiastes, livro do Antigo Testamento [N.T.].

36. *Holzwege*, em alemão "caminhos de madeira"; expressão cunhada pelo filósofo alemão Martin Heidegger [N.T.].

ensina o *Bhagavad-Gita*[37]. É melhor morrer segundo sua própria lei, sua própria via e voz – que nos fala do interior – do que escutar, mesmo perfeitamente, a voz de um outro. Seguir sua própria via, mesmo de maneira imperfeita, ao invés de seguir perfeitamente a via de um outro, a lei de um outro.

Ter uma bússola não é descobrir um caminho previamente traçado. Mais do que um caminho, esta caminhada é uma "itinerância". A felicidade está na maneira de caminhar. Não se trata de seguir um itinerário nem de estar em um estado de errância. O itinerário previamente traçado corre o risco de nos fechar e de nos fazer passar ao largo de uma paisagem, de um tesouro, de uma luz, de um estado de consciência, de um nível de ser que nos estaria destinado... Mas também não se trata de estar na errância, de se fazer joguete de todos os ventos, de todos os chamados que vêm daqui ou dacolá. Aquele que caminha seguindo sua bússola pode manter sua direção, ele reconheceu em si seu oriente.

Na tradição antiga, a palavra grega *hamartia* – "pecado" – quer literalmente dizer "errar o alvo". Visamos o alvo, mas a flecha cai ao lado. Estar em estado de *hamartia* ou estar em estado de pecado é errar o objetivo, não alcançar o alvo, o oriente. Estar desorientado é estar ao largo do seu próprio caminho, seguir uma via que não é a nossa. Trata-se de reencontrar o eixo do nosso profundo desejo, do nosso desejo essencial, reencontrar o eixo e o alvo.

---

37. Composto por 18 capítulos, o *Bhagavad-Gita* é a parte central do poema épico *Mahabharata*; é um dos escritos fundamentais do hinduísmo, frequentemente considerado como um "resumo de toda a doutrina védica". Em sânscrito significa, literalmente, "Cântico do Bem-Aventurado" [N.T.].

Os teólogos são frequentemente representados como homens ou mulheres que permanecem em seus quartos no meio dos seus livros. Essa imagem não leva em conta o fato de que eles não deixaram de percorrer o mundo a passos largos como fez, por exemplo, Tomás de Aquino, que deixou seu rastro pela Europa durante toda sua existência e morreu em viagem enquanto se dirigia a Lyon. Muitos dos seus pensamentos e das suas reflexões vinham a eles durante a caminhada. Se estas horas de caminhada quotidiana fizessem parte do programa dos seminários ou dos conventos – várias horas de caminhada por dia – o rosto da teologia contemporânea seria modificado.

Pois o olhar que colocamos sobre as matérias e as coisas quando estamos caminhando desperta também o olhar sobre o invisível. O mundo material e o mundo espiritual não estão mais separados. O evangelho de João é, ao mesmo tempo, o evangelho mais místico e o mais concreto. Suas palavras são as da águia que nos conduz às alturas e às profundezas do *Logos*, mas, ao mesmo tempo, são as palavras da realidade terrestre. Ele descreve as paisagens da Palestina no momento em que Jesus falava, ele nos narra seu cansaço... A mística e a vida concreta não estão mais em oposição. Quanto mais a árvore quiser subir rumo à luz, mais profundas devem ser suas raízes. Quanto mais quisermos nos interessar pela vida espiritual, pelos estados não ordinários de consciência – esses estados de consciência que hoje em dia chamamos de transpessoais –, tanto mais devemos ter os pés bem plantados sobre a terra para não perdermos nossa base, nosso enraizamento. Esse equilíbrio é essencial.

"Se o papa pedir para você fazer alguma coisa e a sua consciência pedir para você caminhar no sentido contrário, a quem devemos obedecer?", perguntaram a Tomás de Aquino. Ele respondeu: "Se o papa lhe der uma ordem e a sua consciência pedir para você fazer uma outra coisa, siga sua própria consciência, porque se você não seguir sua própria consciência você estará sufocando a própria voz de Deus". Essa é uma questão com a qual, mais dia menos dia, cada um de nós irá se deparar: A quem devemos obedecer? À autoridade externa ou à interna? A voz da nossa consciência está tão repleta de projeções e de falsas crenças que, se começarmos a escutá-la, como vamos saber se é Deus ou o Espírito Santo que nos fala através dela? Não seria o ego, o eu, com suas memórias, suas fantasias?

Certamente, mas nós temos direito a errar, nós temos o direito de nos enganar de caminho e, se nós nos enganarmos, nós sempre poderemos voltar ao "caminho reto". Aliás, talvez seja necessário fazer a experiência do erro, da errância? Cair, mas para se levantar; a queda nos convida a nos levantarmos.

Ter uma bússola em si e segui-la. Se a bússola nos diz outra coisa que o letreiro – a lei externa –, mesmo que ela enlouqueça, é necessário continuar seguindo-a; nestes momentos somos um com nós mesmos. Podemos nos enganar, mas não podemos mentir para nós mesmos. Para Tomás de Aquino o perigo é a hipocrisia: "Eu obedeço ao caminho de outrem, mas meu coração está em outro lugar". Sua voz se une à voz dos grandes profetas: "Vós me honrais com os lábios, vós me cantais todo tipo de louvores, mas vosso coração está longe de mim". *Redire ad cor*, "volta ao teu coração..."

Redire ad cor: são as palavras dos profetas, dos santos e dos sábios em todas as tradições. Reencontre a sua bússola, reencontre o seu centro e caminhe! A felicidade estará, então, no seu caminhar. Caminhe suavemente, caminhe centrado. Nosso caminho possui um coração? Estamos centrados? A voz que escutamos vem das profundezas ou são as vozes múltiplas que buscam nos seduzir por todos os lados? Jamais nos arrependeremos por termos seguido a voz do nosso próprio coração, mesmo que esta voz seja dolorosa ou nos conduza a impasses. Isso significa que talvez tenhamos que vivê-los. Ter direito ao erro é também ter direito a se converter, a voltar sobre seus passos e reconhecer seus erros. Escutar a sua consciência, sempre buscando esclarecê-la...

Voltar ao seu coração, reencontrar o seu eixo, reencontrar o centro. O labirinto de Chartres[38], para aqueles que não possuíam nem os recursos nem a saúde para ir até Jerusalém, era um belo símbolo externo de uma história cretense – tratava-se de encontrar o Minotauro, de achar o fio de Ariadne –, mas era igualmente um símbolo interno. Todos nós habitamos um labirinto onde temos muitas voltas e desvios a atravessar. É preciso passar pela prova do Minotauro, o monstro que vamos encontrar, pois ele é a sombra dentro de cada um de nós. Este fio de amor que nos conduz por caminhos curvos e por desvios, mas que nos mantém no eixo da profundeza próxima de nosso desejo, no coração, na proximidade e na Presença do "Ser que é o que Ele é".

"Pergunte-se se o seu caminho possui um coração..."

"Caminhar, entregar..."

Uma terceira frase me foi transmitida na Tailândia em um momento onde eu tinha perdido todas as minhas bagagens. Lembro-me daquele homem magro e tranquilo que me disse em um francês ruim: "Caminhe, caminhe e entregue! Caminhe, caminhe... entregue, entregue..."

---

38. Referência ao desenho existente no chão da catedral de Chartres, que representa um labirinto. Feito na segunda metade do século XIII, acredita-se que o labirinto represente o longo e tortuoso caminho seguido pelos peregrinos [N.T.].

Uma das evidências que nos ensina o caminho: quando temos uma longa caminhada pela frente é melhor não carregar muita bagagem. Quando parto em viagem não posso levar minha biblioteca! Tenho muita dificuldade em escolher um único livro. O caminhar nos ensina a viver de maneira leve.

Isso é verdade do ponto de vista material, mas é verdade também do ponto de vista psicológico. Aquele que caminha, que vai em frente, deve deixar um certo número de conceitos, de imagens, de crenças, de representações e avançar do conhecido ao desconhecido... Nem sempre é fácil. Penso nessas grandes palavras ditas a Abraão: "Deixa teu país, teus pais e a casa do teu pai e vai para a terra que eu te indicar. Vá, vá em direção a ti mesmo". Deixar o conhecido, aquilo que nos apega, aquilo ao qual somos apegados, para descobrirmos esse desconhecido que somos, é, por vezes, passar por um deserto, pela nudez, é o despojamento.

De um ponto de vista espiritual, o caminho nos ensina a passar das verdades que temos às verdades que somos. É um caminho divertido. Quanto mais avançamos, menos temos a verdade, mas mais nos tornamos verdadeiros. Jesus não disse: "Eu tenho a verdade". Felizmente, pois, neste caso, esta verdade da qual Ele era possuidor e que Ele teria podido nos transmitir, nós a utilizaríamos para dominar os outros. "Eu tenho a verdade, você não tem a verdade!" O drama das guerras religiosas é que elas acontecem entre aqueles que têm a verdade, mas nunca entre aqueles que são a verdade, entre aqueles que são verdadeiros. Jesus disse: "Eu sou a Verdade". Para segui-l'O e entrar no caminho que Ele está, não se trata de ter a verdade, ou verdades, mas de nos tornarmos cada vez mais verdadeiros. E esta verdade passa por um certo número de despojamentos, mesmo nas representações que fazemos de Deus ou do Absoluto.

A dor de Jó é que ele perde não apenas sua saúde, seus filhos – pois tudo aquilo que ele tem lhe foi tirado –, ele perde também o Deus que ele possui, o "Bom Deus". Descobrir que Deus não é justo, que Deus não é bom, que o Deus que ele tem não é o Deus que é, é um grande sofrimento para Jó. Assim, em nossas próprias vidas, nós somos levados a descobrir que Deus não é aquilo que pensávamos, que acreditávamos, aquilo que nos ensinaram. Ele é o que Ele é.

Nestes momentos, efetivamente sem bagagens, sem imagens, entramos naquilo que são João da Cruz chama de "noite escura" (*noche oscura*)[39]. É a experiência de Moisés quando, no alto do monte Sinai, ele entrou nas "trevas supraluminosas", enquanto que embaixo fazia-se a experiência da sarça ardente, ou seja, a luz percebida nos constituintes da matéria, a sarça espinhosa do mundo. Nesta sarça ele pôde contemplar uma luz que ilumina sem ser consumida: a chama das coisas.

Isso pode acontecer às margens de um caminho ou ao longo de uma caminhada, quando, de repente, paramos e... tudo está

---

39. Nascido Juan de Yepes Álvarez (1542-1591), são João da Cruz é um santo e místico espanhol. Tendo concluído com êxito seus estudos teológicos, em 1567 ordena-se sacerdote e celebra sua primeira missa. No entanto, ficou muito desiludido pelo relaxamento da vida monástica em que viviam os conventos carmelitas. Decepcionado, tenta passar para a Ordem dos Cartuxos, ordem muito austera, na qual poderia viver a severidade da vida religiosa à qual se sentia chamado. Em setembro de 1567 encontra-se com Santa Teresa de Ávila, que lhe fala sobre o projeto de estender a Reforma da Ordem Carmelita também aos padres, surgindo posteriormente os carmelitas descalços. Ele acompanhava espiritualmente as irmãs da Ordem do Carmo antes de ser preso pelas autoridades desta mesma ordem, que recusavam sua reforma. João da Cruz desenvolveu, então, uma forte experiência mística, conhecida como a da "noite escura", que ele escreve e desenvolve ao longo da sua vida através de diversos textos. A riqueza da sua poesia fez dele um dos maiores poetas espanhóis; ele é considerado o padroeiro dos poetas espanhóis desde 1952 [N.T.].

ali, tudo está bom. Neste momento jamais ficamos tão próximos de quem nós somos; ao mesmo tempo, uma outra dimensão nos aparece, a chama das coisas se revela em nós, a chama da sarça ardente.

Se formos ainda mais longe, se avançarmos na claridade, descobriremos que o fundo da luz é negro; isso não é apenas da ordem da mística, mas também da ordem da física. Seguindo um princípio metafísico, a luz é o reflexo dos fótons sobre uma matéria e, se não se apresentar nenhum obstáculo sobre o qual os fótons podem se refletir, a luz será negra.

Se entrarmos neste estado de consciência onde não temos mais palavras, imagens ou pontos de referência, a luz é negra – não o negro da ausência ou da falta, mas o negro "supraluminoso" do qual nos falam os Padres da Igreja. Gregório de Nissa e Dionísio o Teólogo a chamavam de "treva supraluminosa", esta grande noite é uma noite que ilumina mais do que o sol. A linguagem dos místicos é também a dos físicos: paradoxal.

A realidade é paradoxal. Quer tenhamos tendência a seguir uma via de fé ou uma via científica, ou estejamos sobre uma via espiritual, essa é sempre a realidade que nós buscamos. Nossa bússola designa uma realidade que a imanta. Podemos nomear ou não essa realidade, pouco importa, o importante é que ela seja o nosso polo. O físico, o místico, o erudito ou o psicólogo buscam o Real, aquilo que está no coração da realidade.

Hoje, o cientista não é mais um cientificista, ele sabe que o que ele percebe da realidade não é a Realidade. Heisenberg falará do "princípio de incerteza": não é a realidade que vemos, mas aquilo que os nossos instrumentos mais ou menos aperfeiçoados podem capturar da realidade. Sobretudo, quando falamos de Deus... Quando falamos de Deus, estamos sempre mentindo, não é de Deus que estamos falando, mas daquilo que pudemos perceber em uma experiência particular ou coletiva. Deus está sempre infinitamente além daquilo que podemos falar a respeito.

O caminhar nos ensina que o Deus que tínhamos não é mais o mesmo que temos hoje em dia. Não é Ele que muda, é nossa consciência que evolui, nosso caminho que avança, nossos instrumentos de percepção que se refinam. Quando um adulto está na universidade, não repetimos de maneira enfadonha aquilo que lhe foi ensinado em física ou química na sexta série. Em teologia acontece o mesmo: não é o momento de repetir aquilo que aprendemos no catecismo. Algumas vezes somos "subdesenvolvidos" neste campo, não estudamos o suficiente a linguagem simbólica, que é a linguagem da Bíblia e do inconsciente. Muitos psicanalistas se interessam hoje em dia pela biblioteca hebraica[40] e leem a Bíblia como se escutassem um inconsciente. Não é uma linguagem racional ou científica, é a própria linguagem do inconsciente, a linguagem das imagens e dos arquétipos.

É bom escutar a voz que nos fala através dos nossos sonhos, das imagens, dos símbolos. Também é bom escutar a voz, a palavra, o *Logos* que está presente através das imagens, dos arquétipos e dos símbolos da biblioteca hebraica. Não se trata de lê-la como uma antologia científica, mas como um livro de imagens, sabendo que sua linguagem "imaginal" é mais do que o imaginário. A Bíblia é este grande livro para onde nos dirigimos para nos recarregarmos em imagens. Elas podem nos dar sentido, estruturar nosso inconsciente e, mais uma vez, imantar nossa bússola rumo àquilo que o nosso desejo busca.

Sobre o caminho existem etapas, transformações, mutações. Nossa imagem de Deus, nossa representação de Deus, do

───

40. A Bíblia [N.T.].

Último, do Absoluto, não para de mudar. Não paremos no meio do caminho querendo repetir aquilo que conhecemos e aquilo que vivemos em uma outra época. Como diz são João da Cruz: "Avançar sem temor na Espessura, saborear, pois nesta noite obscura nós somos guiados pela 'toda outra' Luz".

"Eu a conheço, esta Luz", continuava ele, ela está aqui, "mas é noite", é "um não-sei-o-quê, um quase nada", como diz Vladimir Jankélévitch[41]. "Um não-sei-o-quê, um quase nada" que nos ergue ali onde gostaríamos de cair, que nos desperta ali onde as fadigas gostariam de colar nosso nariz ao chão e o desespero apressa nosso fim. É esta Voz baixa, este Sopro, esta Luz que as trevas não podem apagar que nos colocam, ainda, "por mais algum tempo", a caminho.

Caminhar, entregar.

Entregar com relação às posses, aos teres. Caminhar como Abraão que, em um momento do seu caminho, teve que entregar aquilo que lhe era mais caro, seu próprio filho, a luz dos seus olhos, a criança da promessa. Mais dia menos dia nos será pedido aquilo que nos é mais caro, aquilo ao qual somos mais apegados... Se formos capazes de dizer sim, de dizer sim ao inominável, ao impossível, nesta entrega tudo nos pode ser dado... É isso que viveu Abraão.

Como dizem os Antigos, ao caminhar sobre o cume da montanha Abraão pensava no "seu" filho; ao descer a montanha, através desta entrega, ele não pensava mais em "seu" filho, mas no "filho que Deus lhe tinha dado". É através de um certo

---

41. Vladimir Jankélévitch (1903-1985), filósofo e musicólogo francês [N.T.].

número de entregas ao longo da nossa vida que nos damos conta, finalmente, que nada nos é devido, tudo nos é dado. Nada nos é devido, nem a amizade nem a saúde. Basta termos estado doentes, termos escapado da morte para sabermos que a saúde é infinitamente frágil. Basta termos sido enganados, traídos, termos sido abandonados para sabermos que a amizade também não nos é devida. Nada nos é devido. Através deste "caminhar, entregar" descobrimos que tudo nos é dado: respirar, colocar um pé diante do outro, continuar a amar quando acreditávamos não sermos mais capazes de amar, continuar a viver quando não tínhamos mais vontade de viver...

O caminho de Abraão, assim como o dos grandes andarilhos que podemos encontrar em todas as tradições, não poupa esses momentos de entrega, onde estamos perdidos e não vemos mais nem o dia nem a estrela que nos guiavam. Se formos capazes de dizer sim, de atravessar esse despenhadeiro, estas trevas – isso é vivido de maneira concreta na montanha, em vista de determinados abismos, quando, sem esperança e no momento em que entramos em desespero, tocamos "outra coisa" –, é como se abrisse em nós um outro caminho, como se no próprio coração do sofrimento algo em nós não sofresse, como se no próprio coração da solidão – aceita – tocássemos uma dimensão de comunhão que nada nem ninguém pode nos tirar.

Assim, caminhando, descobrimos uma felicidade que não é qualquer felicidade: esta, ninguém pode arrancá-la de nós, sequer a morte... A esta questão que continua persistindo em nós: "O que o caminho não me tirará? O que resta quando não resta mais nada? O que não me será tirado?", a resposta permanece sendo: "A única coisa que não nos pode ser tirada é aquilo que demos".

Enquanto ainda pudermos caminhar, é bom dar, compartilhar, "dar a sua vida", pois não poderão mais tirá-la de nós – o caminho nos ensina isso. Temos a escolha entre uma vida perdida e uma vida doada; da nossa escolha depende o sabor do nosso caminhar. O amor é o tesouro que aumenta à medida que o damos, um tesouro que aumenta à medida que o gastamos, o "segundo sopro" que por vezes nos é dado no próprio coração do esgotamento e que nos permitirá chegar ao topo da montanha.

"Qual olhar na volta?"

A quarta frase é uma questão. Falamos do caminhar no sentido de ir, ir em frente, cada vez mais longe. Mas não há ida sem volta. O que muda no nosso olhar após termos caminhado bastante? E quando se trata de "voltar"?

Falando nisto, vem-me à mente a história de dois amigos que, em uma bela manhã, levantaram-se cedo para escalar uma montanha. Ao caminhar, algo no olhar se purifica. O olhar é diferente quando pegamos um teleférico ou subimos a montanha a pé e, no entanto, trata-se da mesma paisagem. Os dois amigos caminham; o caminho é longo, cansativo, difícil. No entanto, algo muda no olhar, no sopro. O sopro fica mais denso, ele se aprofunda com a subida, os dois amigos habituam-se ao ar das altitudes. Tendo chegado ao topo, cada um vive uma "experiência fundamental". Um olha para baixo: vendo de cima, ele descobre que tudo embaixo parece pequeno, aquilo que para ele era tão importante não passa de um pouco de lama, de pó esmagado pela luz... Este é um ensinamento para ele: "Aquilo que para mim é tão importante, se eu pudesse ver de cima, eu veria que tudo isso não vale grande coisa, quase nada..." Às vezes, damos tanta importância às coisas porque nos falta ver as coisas do alto, de cima, ou com um pouco de distanciamento. Visto lá do alto, aquilo que eu tomava por absoluto, descubro que é bastante relativo... Kierkegaard dizia: "O drama do mundo contemporâneo é absolutizar o relativo e relativizar o Absoluto". Vistas lá do alto, as coisas surgem nos seus devidos lugares, o primeiro andarilho consegue relativizar o relativo e absolutizar o absoluto. Ele pode pegar o caminho de volta, ele adquiriu o discernimento...

Seu amigo, que estava ao seu lado, viveu uma outra experiência. Tendo chegado ao topo da montanha, ele olhou para cima e viu que não sabia voar. No alto, ele descobriu que está sempre embaixo, o céu está acima e pertence a uma outra natureza. Para ele, este também foi um ensinamento: "Se eu for até o limite das minhas capacidades humanas, das minhas buscas científicas e intelectuais, ao limite daquilo que a minha razão pode descobrir, ficarei sempre no campo dos meus limites, daquilo que posso humanamente ver e compreender; no entanto, o céu ou a transcendência são de uma outra natureza, uma outra consciência". A "Outridade" mencionada por Lévinas; existe um Outro ao invés de nada e ao invés de algo há um "além", que a consciência e o conhecimento podem compreender.

Dois andarilhos que chegam ao topo, duas experiências diferentes. Os dois amigos voltam a descer para a planície e guardam preciosamente em suas pupilas a impressão daquilo que eles contemplaram... tendo chegado à cidade, um dos dois continuou a olhar as pessoas "de cima", ele lhes lembra que eles não passam de pó, pó na luz, talvez, mas sempre pó; para ele, esta é uma experiência forte e sincera. Quando cruzamos seu caminho nos sentimos um pouco esmagados pelo seu olhar; sem dúvida, ele quer iniciar as pessoas à sua vacuidade, à sua pequena matéria evanescente; sem dúvida, ele quer fazê-los sair das suas pretensões, das suas inflações, compartilhar o discernimento adquirido após uma longa caminhada rumo ao topo...

Seu amigo não olha as pessoas de cima, ele continua a olhá-las "de baixo". Ao olhá-las de baixo ele faz com que elas levantem a cabeça, ele não as esmaga, ele as coloca de pé... ele descobriu que a luz que está no topo da montanha é a própria luz que está no fundo do vale. Se tivéssemos os olhos abertos àquilo que está aqui, a este invisível que nos envolve, a este espaço que nos contém... "Não é a luz que falta aos nossos olhares, são nossos olhares que carecem de luz", escreveu Gustave Thibon[42].

Lao Tsé dizia: "Às vezes vamos muito mais longe indo até o limite do nosso jardim do que dando três vezes a volta ao mundo". Tudo depende da abertura do olhar. A luz do topo também está na planície, mas qual olhar trazemos dos nossos cumes? Qual olhar trazemos do fim do caminho que nos foi dado tocar, seja o topo da montanha ou uma experiência interna?

A partir dos nossos caminhos escarpados podemos relatar duas sabedorias que são dois olhares. O olhar, em nós, que esmaga, lembrando-nos nosso pó... mas será que temos realmente necessidade deste olhar? A vida e a morte estão aqui para nos lembrar que não somos grande coisa. Como poderíamos esquecer? Nós temos, talvez, mais necessidade deste outro olhar que nos lembra que, mesmo que manquemos, mesmo que não possamos mais escalar montanhas e chegar aos seus cumes, mesmo que não tenhamos mais a força nem a saúde ou a idade para irmos tão longe... mesmo assim, a claridade que buscamos no cume está aqui, conosco, no fundo do vale, basta abrir os olhos. Onde poderíamos buscar e encontrar "o Ser que é" senão em tudo que existe? Deus só pode estar em todo lugar.

---

42. Gustave Thibon (1903-2001), filósofo francês [N.T.].

"Sede passantes!"

Uma quinta frase, uma "quintessência" para o andarilho, é uma frase tirada do evangelho de Tomé[43], curta, como todas as frases autênticas atribuídas a Jesus. O evangelho de Tomé é um dos textos redescobertos em Nag Hammadi no Alto Egito em 1945. Não é um relato histórico ou o relato de milagres, nem uma coletânea de feitos e gestos que Jesus teria realizado, mas uma coletânea de frases curtas. Entre os buscadores, alguns pensam que estas palavras são muito anteriores à redação dos outros evangelhos. Elas pertenceriam à tradição das "palavras dos pais" dentro do antigo judaísmo.

No *logion* 42, Yeshua diz: "Sede passantes".

São palavras importantes não apenas para um cristão, mas para todos os homens. A palavra "Páscoa" – *Pessah* em hebraico, *Pasqua* em grego – é a "passagem", é passar. Passar das trevas para a luz, passar deste mundo do espaço-tempo ao mundo incriado, como diz Yeshua, "deste mundo ao Pai", passar deste mundo espaçotemporal para a Origem que nos sustenta; para o Sopro que nos inspira e nos expira... "Sede passantes": são palavras que nos lembram que somos seres de passagem.

O que não passa nas nossas vidas? O que não passará? Tudo passa. É uma verdade que não é triste. Pelo contrário, ela nos ensina a saborearmos melhor cada instante... é precisamente porque todas as coisas passam que é preciso apreciá-las enquanto elas estão aqui, enquanto elas florescem. Não se afastar da rosa no momento em que ela dá o seu perfume. Estar presente, muito presente àquilo que nos é dado, instante após instante. O

---

43. Jean-Yves Leloup. *O evangelho de Tomé*. Petrópolis: Vozes, 1997.

passante não é o indiferente. Ele é aquele que vê as coisas pela primeira e última vez. Desta maneira ele as vê com uma atenção e uma intensidade extremas. Pois ele conhece essas outras palavras: *Panta rei*, literalmente, "tudo passa, tudo se esvai". Isso não deveria nos conduzir a um estado de indiferença, de desprezo. Muito pelo contrário, nós poderemos, então, aprender a capturar o instante, a compreender cada coisa no momento onde ela se dá, onde ela se oferece a nós no instante.

Caminhar rumo a Jerusalém não quer dizer que não vemos aquilo que floresce às margens do caminho, o objetivo nos esconderia a terra prometida que já está aqui, no pó das trilhas que para lá nos conduzem...

"Sede passantes!" Não se constrói uma casa sobre uma ponte. Somos peregrinos sobre a terra, estamos a caminho, em marcha. Para permanecermos passantes não devemos nos tornar pesados, densos, incrustados, isso fragmentaria em nós a essência do homem, seu movimento, seu vir-a-ser. O homem não é um ser, mas um pode ser[44]...

Pode, de fato, surgir em nós o conflito entre o necessário e o essencial, já que é difícil discernir entre os dois. Por vezes nos é pedido até mesmo termos uma atitude de maior entrega em relação ao necessário sem perdermos, por outro lado, o Essencial, ou seja, o Desejo, a abertura ao Eterno que nos habita e cujo templo e lugar de passagem nós somos...

Uma história bem conhecida é a do rei ciclotímico, como cada um de nós pode ser. Ele passa por altos e baixos, momentos de exaltação e de depressão, os contrastes o deixam em frangalhos e essa alternância é dolorosa tanto para ele quanto para os

---

44. Em francês: "L'homme n'est pas un être, mais un peut-être..."; literalmente: "o homem não é um ser, mas um talvez..." [N.T.].

que o cercam... Uma noite, ele sonha que possui um anel maravilhoso. Quando ele o olha, se está excitado, irritado ou em êxtase, ele se acalma e fica em paz; por outro lado, quando ele está deprimido, sentindo-se depressivo e olha este anel, ele se sente melhor e reencontra seu equilíbrio. No dia seguinte, pela manhã, ele pede aos seus conselheiros que lhe fabriquem ou que lhe indiquem onde encontrar este anel mágico. Os sábios, os cientistas, os santos procuram por todo lado este maravilhoso anel, mas eles não obtêm sucesso. Enfim, um dia eles o descobrem no dedo de uma mulher, que não tem um aspecto nem fantástico nem extraordinário, mas tranquilo e em paz. As provações atravessadas por esta mulher ao longo de sua vida poderiam ter gravado em seu rosto os traços do desespero, mas, pelo contrário, seu rosto resplandece de calma e serenidade e ela sorri... Os conselheiros pedem que ela lhes dê o anel e ela responde: "É claro; agora que eu compreendi, eu posso dá-lo a vocês".

Algo está escrito no interior do anel. Será em hebraico, em aramaico, em grego ou em sânscrito? Os sábios traduzem essa pequena frase terrivelmente banal: "Isso também passará".

Será essa uma elevadíssima sabedoria: "Isso também passará"? É a sabedoria de todos os dias, mas é bom nos lembrarmos dela quando estamos deitados em uma cama de hospital, quando nos contorcemos de dor... lembrarmos que "isso também passará". Não existe dor eterna. Os males, mesmo os maiores e os mais terríveis, acabam por passar... mas também devemos nos lembrar dessas palavras nos momentos de prazer, de intimidade, de felicidade. Saber que "isto também passará"; de outra maneira, vamos nos agarrar a isso, nos apegar. Esse apego à felicidade de um instante será causa de sofrimento. Se formos capazes de escutar esta frase, de vivê-la e "verificá-la", tocaremos algo em nós que está além daquilo que chamamos de felicidade e daquilo que chamamos de infelicidade, além daquilo que agrada e daquilo que não agrada, além daquilo que eu chamo de prazer e daquilo que eu chamo de dor. Tocamos aquilo que em nós é livre, "incondicionado".

Todos nós carregamos esta aliança no dedo. Todos nós fazemos uma aliança com o tempo que passa. Lembrarmo-nos daquilo que está escrito nos leva de volta à realidade: tu és pó e ao pó voltarás; tu és luz e à luz voltarás... Devemos manter os dois unidos: nós somos pó na luz. É preciso discernir aquilo que passa e aquilo que não passa. A forma que a vida toma em mim vai cessar, vai passar; no entanto, o fluxo da vida continua. Saber discernir no portal da grande passagem nossa Páscoa verdadeira, aquilo que vai passar e aquilo que vai continuar, observar este espaço de onde nos vem nosso sopro e para onde ele volta.

Entre nosso inspirar e nosso expirar, o que existe? De onde vem nosso inspirar e para onde volta nosso expirar? Existe um silêncio, "um não-sei-o-quê, um quase nada", a morte não terá nada a ensinar àquele que – já nesta vida – tiver tocado isto. Ele terá tocado, entre o seu inspirar e o seu expirar, uma realidade que, em algumas tradições, chamamos de "vida eterna". As palavras algumas vezes ficam gastas, murchas. Dizer "vida eterna" faz com que pensemos em algo que não termina jamais: é tão longo, tão monótono... Contudo, "vida eterna" significa o "não tempo", aquilo que está além daquilo que chamamos de "espaço-tempo". Portanto, se ela é eterna, ela não é após a morte, é antes, durante e depois. A vida eterna é a dimensão de eternidade que habita o próprio coração desta vida, daí a importância de conhecê-la já nesta vida, neste instante: *kairos*, o momento favorável, o instante eterno, em oposição a *chronos*, o tempo que devora.

Quando caminhamos, respiramos o pó do caminho, que fica colado ao rosto, à pele, às vestes... No entanto, no próprio coração deste pó, algumas vezes descobrimos a luz. Eis que, de repente, após uma boa caminhada, o fluxo dos nossos pensamentos para. A caminhada para. Compreendemos, então, que o sentido da caminhada – se realmente caminhamos – era parar ali para chegarmos a este instante de repouso que a tradição judaica chama de *shabbat*.

Um amigo rabino me disse: "Nós existimos no mundo para lembrarmos ao mundo que os homens não são feitos para trabalhar, mas para descansar". Aquele que caminhou bastante sabe disto, ele caminhou para conhecer a beatitude deste instante em que o corpo e o pensamento também param; o querer e o desejo entram então em repouso e é a *shalom*, uma palavra que não quer apenas dizer "paz", mas também inteireza e plenitude. A caminhada nos esvazia e nos preenche ao mesmo tempo, ela nos esvazia de nosso pequeno eu, ela o esgota para dar lugar a um outro eu, que, lavado pelo caminho, pode, então, pousar, repousar.

Literalmente, *shabbat* em hebraico quer dizer "parar": parar de fazer, parar de produzir, de agir, mas também parar de pensar aquilo que é para estar com Aquilo que é. A tradição nos diz que no dia do *shabbat* todos os homens são iguais. Não somos mais comerciantes, professores, trabalhadores; somos filhos de Deus, filhos do Sopro, filhos d'Aquilo que inspira e d'Aquilo que expira através de nós. "Aquilo" não é propriedade de ninguém, assim como o amor não é propriedade dos cristãos, a luz não é propriedade dos budistas. A vida pertence àqueles que ousam vivê-la até o fim, até morrer...

No evangelho de Tomé temos uma outra frase de Jesus:
Se fores interrogado:
Qual é o sinal do vosso Pai que está em vós?
Respondei:
É um movimento e é um repouso [...][45].

Existe em nós um movimento, um desejo. Deus jamais sacia nosso desejo; pelo contrário, ele o aprofunda ainda mais. Françoise Dolto[46] dizia que "Jesus é o Mestre do desejo". Não é Ele quem o sacia, é Ele quem o aprofunda, que o mantém no aberto e que não permite que o nosso coração se feche sobre sua presa, que "coisifique" os seres e o próprio Deus quando fazemos dele um "ente", sendo que Deus é "o Aberto", a abertura total do coração e da consciência. Ele é esta Luz que não podemos nem capturar, nem prender, nem compreender e, no entanto, sem esta luz nada podemos ver, nada podemos fazer, nada podemos pensar. Caminhar nos mantém no aberto, é um movimento e é um repouso...

"*Em marcha!*"

Há, enfim, essa frase através da qual Jesus ergue aqueles que Ele encontra em seu caminho: "aqueles que choram", "aqueles que têm fome e sede de justiça", "os perseguidos"... Ele lhes diz:

45. Ibid. *Logion* 50.
46. Françoise Dolto (1908-1988), pediatra e psicanalista francesa. Ela se consagrou à psicanálise da infância, tornando-se uma figura emblemática na França. Ficou conhecida pela eficácia do seu trabalho clínico, mas também foi reconhecida pelo seu trabalho teórico, sobretudo sobre a imagem do corpo [N.T.].

"Em marcha!" É desta maneira que André Chouraqui[47] traduziu o *makarios* das Beatitudes, ao invés de traduzir essa expressão como "Bem-aventurados". Ele dá, assim, ao texto, seu dinamismo "hebraico", no sentido que Fílon de Alexandria dá a este termo: "passante".

"Em marcha, os pobres! Em marcha, os mansos! Em marcha, os humildes! Em marcha, os matriciais!" Isso significa que podemos traçar um caminho reto sobre caminhos tortuosos, mantermo-nos de pé ali onde todos gostariam de nos ver deitados. No Evangelho, Jesus é Aquele que nos coloca a caminho, que coloca a caminho o melhor que existe dentro de nós. Ele nos convida à "mansidão", à "doçura", que não é uma moleza, mas uma qualidade de respeito com relação Àquilo que é. Essa pureza não é pieguice, mas lucidez. Trata-se de vermos as coisas tais quais elas são, parando de projetar nelas nossas memórias, nossas falsas crenças e nossas experiências passadas; ver o desconhecido no conhecido, ver todas as coisas como se as víssemos pela primeira vez. Em marcha, os corações puros, vocês verão Deus! Vocês verão Aquilo que é, vocês verão Aquele que é em tudo aquilo que é.

"Em marcha, os matriciais, os misericordiosos!" É uma bela frase, pois o nosso drama, uns com relação aos outros, é de, incessantemente, nos rotular, fechar o outro na visão que temos dele e que, por vezes, não tem muito a ver com aquilo que ele

---

47. *"Un Pacte neuf – Le Nouveau Testament traduit et présenté par André Chouraqui"* (Um novo pacto – O Novo Testamento traduzido e apresentado por André Chouraqui). Brepols, 1984. Nathan André Chouraqui nasceu em 1917 na Argélia e morreu em 2007 em Jerusalém. Advogado, escritor, pensador e político franco-israelense, conhecido pela sua tradução da Bíblia que deu um tom diferente à sua leitura e interpretação [N.T.].

é realmente. Não deveríamos dizer que alguém é um ladrão, é melhor dizer que aquela pessoa roubou. Podemos ficar perturbados, surpresos por alguns criminosos quando descobrimos que eles não são apenas "isso"; apesar de eles terem roubado ou matado, há neles também uma outra coisa.

"Em marcha, os matriciais!" Essa frase nos convida a pousarmos sobre todos os seres um olhar de mãe, a reconhecer em todos os seres seu filho infeliz e por vezes perigoso, sem fechá-lo na imagem que temos dele. Isso também nos convida a não nos deixarmos fechar na imagem que os outros têm de nós, a manter nosso olhar no aberto, a ver aquilo que existe para ser visto e pressentir tudo aquilo que permanece invisível.

Jesus disse: "Eu sou o caminho". Ele não disse: "Eu sou o fim". Ele disse também: "Aquele que crê em mim, não é em mim que ele crê, mas n'Aquele que me enviou" (Jo 12,44). Hoje em dia os cristãos se apresentam um pouco como os seguidores de Jesus, eles falam muito dele e não o suficiente d'Aquele no qual Ele crê. Ora, Jesus se apresenta como caminho rumo a esse Outro, este todo Outro que Ele chamava de seu Pai e que poderíamos chamar, em linguagem metafísica, a Origem, o Princípio, a Fonte do Ser. Quando Jesus diz: "O Pai e Eu, nós somos um" (Jo 10,30), isso significa que Eu e a minha Origem, o rio e a Fonte são apenas um. Trata-se de pousarmos nossos atos no quotidiano, nossos atos de ternura humana em relação com a Fonte, o Princípio, já que eles são a manifestação daquilo que está junto à fonte do nosso sopro, à fonte do nosso ser. Jesus encarna, assim, o *Logos*, a Informação secreta e criadora "pela qual tudo existe", Ele lhe dá a sua carne, o seu sangue... Nós também devemos encarnar o Verbo. Mestre Eckhart diz que o Verbo não se encarnou apenas uma vez em Jesus de Nazaré, mas que Ele se encarna a cada instante em cada um de nós. A

Vida se encarna em cada um de nós. Neste momento, a Vida toma uma forma particular em cada um de nós, e cada um de nós é uma maneira particular, única, de encarnar a Vida, de encarnar o Amor, de encarnar a Inteligência.

Cada um de nós possui uma maneira única, particular, de ser inteligente. Alguns são inteligentes com suas mãos, outros com suas palavras, com seus discursos, com seu discernimento. Outros, ainda, através dos seus atos, através do seu corpo, da inteligência do corpo. Cada um de nós possui também uma maneira de amar. Para alguns, por exemplo, é falando; para outros, é cuidando. Não se trata de comparar: existe tanto amor em um eremita que se retirou na montanha quanto em Madre Teresa que cuidava dos leprosos. Não nos cabe julgar, trata-se de vermos o que vai no coração de cada um. Cada um de nós é um caminho através do qual o Verbo vem ao mundo.

Aquilo que é pedido ao caminho é de nos conduzir ao fim dele mesmo... Cada um de nós é um caminho, aquilo que é pedido a um não é pedido ao outro. Não pedimos a uma macieira que faça figos, pedimos à macieira que nos dê maçãs, à figueira que dê figos. A única coisa que nos é pedida e que a Vida pede em nós é que produzamos nossos próprios frutos, os frutos da nossa própria seiva, o canto do nosso próprio coração, o caminhar da nossa própria vida. Frequentemente fazem de nós árvores artificiais, nos tornamos uma espécie de pinheiro de Natal. Não damos, então, os frutos da nossa árvore, mas outros frutos, que vêm de outro lugar. Esses frutos são, sem dúvida, brilhantes, apetitosos e de bela aparência, mas lhes falta seiva e sabor. É chegado um momento em que não suportamos mais ser um pinheiro de Natal e queremos, enfim, ser uma árvore bem plantada na terra para podermos carregar, finalmente, nossas flores e dar nossos próprios frutos, voltados para a luz. Para isto, basta sabermos qual é a nossa maneira própria de encarnar a vida, o amor, de ser ao *Logos*, como diz Elisabete da Trindade[48], uma "encarnação de acréscimo", uma forma, uma manifestação nova, insubstituível, um "filho único"... Cabe a cada um tornar-se o nome, o segredo que ele é, revelar esta forma particular que o Ser e a Vida tomam nele. Cada um de nós é um caminho único, o caminho tomado pelo Amor para iluminar o mundo. Cada um de nós é uma forma única, particular, que a Vida toma para iluminar a terra.

"Em marcha!"

48. Nascida Élisabeth Catez (1880-1906) na França, Elisabete da Trindade (Élisabeth de la Trinité) foi uma religiosa francesa, beatificada pelo papa João Paulo II em 1984. Ela desenvolveu muito cedo o gosto pela oração e entrou na vida religiosa em 1901. Seu nome, Elisabeth, que em hebraico significa "Casa de Deus", tornou-se o centro da sua espiritualidade. Elisabeth escreveu a oração *Ó meu Deus, Trindade que adoro (Ô mon Dieu, Trinité que j'adore)*, que resume sua espiritualidade. Após um período de doença, que ela vê como uma possibilidade de viver mais próxima de Deus, Elisabeth morre aos 26 anos. Pouco depois seus escritos são publicados, com tiragens de até 80.000 exemplares, e a oração *Ó meu Deus, Trindade que adoro* passa a ser considerada uma das mais belas orações do cristianismo [N.T.].

Parte II
O passante

Ao longo da minha vida descobri textos essenciais que eu li, comentei e, por vezes, traduzi. Esses textos abriram vias para mim. A cada vez, eles fizeram de mim um passante. A primeira passagem a ser trabalhada foi aquela que, a partir do texto de origem, conduziu-me ao sentido que ele poderia tomar, hoje, na minha vida quotidiana. A segunda passagem era aquela que poderia levar esta interpretação aos seus devidos leitores. Frequentemente, uma mesma rota indicou várias outras e a cada vez fez com que eu descobrisse uma outra. Tendo o passante chegado ao final do seu caminho, ele descobre outros e os segue com o mesmo empenho.

Nesta segunda parte eu apresentarei novas descobertas ou retomarei um certo número de traduções e comentários que escrevi ao longo da minha longa caminhada sobre os caminhos do Ser. Todos estão vinculados uns aos outros.

⚜ 1 ⚜

"EM MARCHA!"

Quando perguntaram ao velho sábio taoista: "O que é o Tao?", ele respondeu: "Vá!" Essas palavras são incessantemente encontradas no Evangelho; elas poderiam até mesmo resumi-lo por inteiro. Yeshua só se detém para dizer: "Vá!" Ele dirige essas palavras à mulher adúltera prestes a ser lapidada, ao paralítico, ao cego de nascença, a Lázaro quando querem mantê-lo sob a terra, ao publicano, ao fariseu, a Miriam de Magdala quando ela quer retê-lo após sua ressurreição e trazê-lo de volta ao conhecido. No Gênesis, YHWH diz a Abraão: "Vai em direção a ti mesmo" (12,1).

"Vá! Em marcha!" Se Yeshua o diz, é porque Ele o faz e Ele nos dá vontade de segui-lo... O homem é uma ponte e é também um caminho. A saúde, assim como a felicidade, reside no caminhar. Já o sofrimento ou a doença, pelo contrário, é parar no meio do caminho. *Mahala* em hebraico significa "doença", mas também "colocar em um círculo": isso designa o fato de ficarmos girando em círculos, de estarmos fechados nas prisões do corpo, do pensamento e da alma que são a dor, a ignorância, a loucura. Os grandes mitos também apresentam as vias da cura como caminhos em que os sintomas dolorosos devem ser considerados apenas como etapas, paradas, nas quais o espírito, durante um momento, está pregado à reflexão. Mas ali não se situa nem o albergue nem o porto da alma vagabunda do homem que caminha.

A via é una, os caminhos são múltiplos. Existem os caminhos de terra, de terras prometidas feitas de exílios e retornos. Existem os caminhos dos mares, das tempestades, dos naufrágios e das ilhas que contêm tesouros incertos. Existem os caminhos do céu, as ascensões celestes, os voos e as quedas de Ícaro, mas também a Ascensão sem volta. Existem os caminhos de fogo em que o viajante é consumido sem sair do lugar, ou renasce das suas cinzas tal qual uma fênix que deixa para a noite sua provisão de relâmpagos. Tantas metáforas a serem pensadas e aventuras a serem vividas para irmos além daquilo que nos fecha e nos enclausura sem jamais poder nos conter, rumo à "bela escapada"[1] do psiquismo ou da alma que, ao aderir aos seus limites, abriu-se àquilo que a morte não saberia definir.

Para o Mestre e Senhor, a infelicidade é parar, identificar-se a uma dada situação, confundir-se com seus sintomas. A felicidade, a saúde e a salvação estão, pelo contrário, no caminhar. É por esta razão que Ele sempre dirá e repetirá a todos aqueles que Ele encontra ao longo do caminho: "Em marcha!"

Aquilo que Yeshua diz sobre a montanha é o oposto de um sermão. É um convite a largarmos as amarras, a não termos liames com aquilo que nos faz penar, a não pararmos nem nos nossos risos nem nas nossas lágrimas, a permanecermos apenas na "vida que vai"... Hoje em dia sabemos melhor que o texto das Beatitudes no evangelho de Mateus não é um chamado à passividade

⁀

1. Em francês: "[...] vers 'l'échappée belle' du psychisme". *Échappée belle* é uma expressão que poderia ser traduzida por "escapar por um triz", "escapar de boa" [N.T.].

diante das provações, mas deve ser considerado como um convite a colocar-se de pé, a erguer-se, a colocar-se em marcha, quaisquer que sejam os pesos e as dores que entravam o caminho. Quando caminhamos, somos convidados a ouvir este chamado.

Enquanto que o primeiro versículo é normalmente traduzido por "Felizes os pobres de espírito", André Chouraqui propõe: "Em marcha, os humilhados do sopro!"[2] Quanto a mim, eu proponho: "Em marcha, aqueles cujo sopro está humilhado!" Pois o nosso sopro (*pneuma*) pode estar humilhado, cortado, separado, impedido pelas emoções ou pelo medo.

"*Em marcha, os humildes e os mansos!*"

Sua mansidão é força, a terra resiste aos violentos, ela se dá àqueles que a respeitam. "Caminhe suavemente sobre a terra, já dizia o velho índio, ela é sagrada." Fazer as coisas de maneira mais suave não é fazê-las de maneira mais lenta ou mais mole, é fazê-las com maior consciência e amor. Podemos compreender, então, por que a terra é dada em herança aos mansos e recusada aos violentos.

"*Em marcha, aqueles que choram, pois eles serão consolados!*"

Chouraqui traduz: "Em marcha, os enlutados!" Seria necessário precisar: "Aqueles que fazem o seu luto". Pois somos convidados a aceitar que o passado seja passado, essa é a própria condição para irmos mais longe. Não se trata de não chorarmos mais; mas nos é pedido para não nos comprazermos em nossas próprias lágrimas, para não pararmos nas nossas emoções, mesmo que isso leve algum tempo. Estejamos sempre em mar-

2. *Un Pacte neuf* (Um novo pacto). O Novo Testamento traduzido e apresentado por André Chouraqui. Op. cit.

cha, rumo a uma serenidade mais elevada e uma maturidade mais terna.

"Em marcha, aqueles que têm fome e sede de justiça, pois eles serão saciados!"

Aquele que tem fome e sede não permanece imóvel, ele está em busca. A busca da justiça, ou seja, da santidade, nunca pode pretender ter sido concluída. Não se trata de estarmos perpetuamente insatisfeitos, mas de compreendermos que o homem e o mundo são infinitamente perfectíveis. É uma tarefa sem fim.

"Em marcha os corações puros, pois eles verão a Deus!"

Para ver o outro é necessário que o olhar esteja esvaziado dos seus *a priori* e dos seus julgamentos. Isso é verdade sobretudo quando se trata de vermos Deus: nós somos convidados a uma longa caminhada, a caminhada da retirada das nossas projeções. Devemos até mesmo nos desfazer das mais belas dentre elas, aquelas que poderíamos tomar por experiências espirituais, pelo próprio Deus, ao passo que elas não têm nada a ver com a Realidade que Ele é. Isso ainda assemelha-se muito às fantasias do nosso ego e aos seus sonhos infantis todo-poderosos. Nós conhecemos os adjetivos, as qualidades do Ser; apenas os corações purificados podem prová-lo tal qual Ele é, "sem qualidade", naquilo que Ele tem de santo, ou seja, de incomparável.

"Em marcha os misericordiosos, pois lhes será feita misericórdia!"

Felizes daqueles que têm um coração e que sabem permanecer sensíveis aos sofrimentos e às misérias do outro. O futuro é para os "puros e mansos" e não para os "puros e duros", esses homens que pretendem ser perfeitos, que pertencem a todos os integralismos, "puros como anjos, orgulhosos como demônios". Eles são, pelo contrário, perigosos como todos os grandes e pequenos inquisidores que, em nome da pureza, da fé ou da raça, derramam sangue... Os maiores crimes contra a humanidade são sempre feitos em nome do bem, em nome da integridade e da pureza que deveria ser salvaguardada. Ainda não foram suficientemente mostrados todos os riscos da pureza sem misericórdia.

Jamais teremos compaixão suficiente para compreender o sofrimento e a miséria do outro; jamais teremos o coração puro e terno o suficiente para tudo dele exigir e tudo lhe perdoar. "Aquele que tudo compreende, tudo perdoa", já dizia Platão. "Quanto mais eu conheço, mais eu amo; quanto mais eu amo, mais eu conheço", dirá mais tarde Catarina de Siena[3]. Quanto mais o meu coração for puro, melhor ele verá e mais ele será misericordioso. Quanto mais o meu coração for misericordioso, melhor ele verá e mais ele se tornará puro.

"Em marcha os artesãos da Paz, pois eles serão chamados filhos de Deus!"

A paz é fruto de um artesanato; é o mais lento caminhar, o mais paciente; a paz não pode ser alcançada através de golpes de dólares ou golpes de Estado; ela é o Filho do Homem e o Filho de Deus que estão em gênese em cada um de nós. O pai terrestre

3. Catarina Benincasa, mais conhecida como Catarina de Siena (1347-1380), freira dominicana e mística; exerceu uma grande influência sobre a Igreja Católica e a história do papado. Catarina de Siena é uma das figuras marcantes do catolicismo medieval, ela é considerada santa e é uma das quatro únicas mulheres a serem declaradas doutoras da Igreja [N.T.].

de Yeshua era um artesão, é junto a ele que o Mestre e Senhor aprendeu a "aplainar as almas" como aplainamos e polimos as mais duras madeiras para que elas possam, na beleza, ajustar-se umas às outras e cumprir seu "serviço".

> Em marcha, quando vos insultarem, vos perseguirem e quando dizerem de vós todo tipo de mal por minha causa! Estejais na alegria, pois vossa recompensa nos céus é grande. É desta maneira que foram perseguidos os profetas que vieram antes de vós.

Yeshua não diz: "Bem-aventurados os infelizes, alegrai-vos com os golpes ruins!", mas: "Não vos deixeis parar por calúnias, perseguições, violências de todos os tipos. Fazei desses momentos ocasiões de consciência e amor, proveis a paciência (a paixão) que eu exerci quando afrontei meus adversários. Esta é realmente uma ocasião para viver o 'grande exercício' que é o amor pelos inimigos. Vós descobrireis, então, em vós 'esta força terrível do humilde amor' capaz de 'perdoar àqueles que não sabem o que fazem' e de continuar, assim, a instruí-los, não mais apenas pelas palavras, mas também pelos atos".

> Em marcha!
> Anunciai o Evangelho do Reino!

É pelo próprio poder e simplicidade do seu vir-a-ser que vocês anunciarão o Reino que está por vir. Vocês mostrarão que é possível que um outro Espírito, uma outra Consciência reine sobre vocês, que um Ser novo os habite... Vocês não viverão mais sob o império do seu passado, do seu inconsciente ou do seu meio ambiente e daqueles que o cercam; seus atos serão determinados a partir do mais íntimo de si mesmo, ali onde nada nem ninguém os força, ali onde o Espírito os inspira: Aquele sobre quem não sabemos psiquicamente "nem de onde Ele vem nem para aonde Ele vai", mas de quem sabemos ontologicamente que "Ele vem do Pai e voltará ao Pai".

Ele é este Sopro consciente que vem deste espaço inominável de onde nasce a inspiração e para onde volta a expiração, este espaço sem limites que, por vezes, nos é dado saborear quando em nós tudo é Silêncio...

~ 2 ~

O evangelho de Tomé

Nós já evocamos a frase "Sede passantes!" No bolso do peregrino e do andarilho, junto ao grande texto das Beatitudes, eu levarei comigo algumas palavras do evangelho de Tomé: mais do que todas as outras, elas inspiraram o espírito do sentar e do caminhar, pois é graças a este sinal, nos diz o Mestre e Senhor, que reconhecemos os discípulos do Vivente: "É um movimento e é um repouso" – é uma certa atitude, uma certa calma, o "vou bem" daqueles a quem perguntamos: "Como vai?"

"Ir bem" é buscar e é encontrar, buscar novamente e ficar ainda mais surpreso, deslumbrar-se que tudo esteja aqui e que tudo ainda precise ser descoberto. Não há nenhum lugar onde ir, aquilo que buscamos nós o somos, mas aquilo que somos é o prazer de buscar, uma oração, um louvor chamado desejo...

> Jesus disse:
> que aquele que busca
> esteja sempre em busca
> até que ele encontre,
> e quando ele tiver encontrado,
> ele ficará perturbado,
> tendo ficado perturbado, ele se deslumbrará,
> e reinará sobre o Todo[4].

4. Jean-Yves Leloup. *O evangelho de Tomé*. Logion 2. Op. cit. Cf. Mt 7,7-8 e Lc 11,9-10.

Este *logion* descreve as etapas principais da gnose e constitui um verdadeiro itinerário iniciático.

A primeira etapa é a busca; a segunda é a descoberta; a terceira é a perturbação que esta descoberta produz; a quarta é a surpresa, o deslumbramento; a quinta é o reino, a presença do Todo.

O manuscrito de Oxirinco[5] (654, n. 1), Clemente de Alexandria[6] (*Stromates* II) e o evangelho de Felipe[7] indicam com

5. Manuscritos ou papiros de Oxirinco são um grupo numeroso de manuscritos, datados dos séculos I a VI, descobertos em 1897 na antiga localidade grega de Oxyrhinchus, no atual Egito. Desde a época da descoberta dos manuscritos são feitas várias buscas arqueológicas nesta área, fornecendo uma grande quantidade de papiros gregos e romanos da história egípcia. Dentre os textos descobertos está um fragmento do evangelho de Tomé [N.T.].

6. Tito Flávio Clemente (Atenas (?), c. 150-Palestina, 215), conhecido como Clemente de Alexandria (para distingui-lo de Clemente de Roma), foi um escritor, teólogo, apologista e mitógrafo cristão grego nascido provavelmente em Atenas de pais pagãos. Foi profundamente instruído na filosofia neoplatônica; uniu as tradições filosóficas gregas com a doutrina cristã, desenvolvendo um "Platonismo cristão". Sua abertura a fontes familiares aos não cristãos ajudou a tornar o cristianismo mais aceitável para muitos deles. Clemente foi um erudito numa época em que os cristãos eram geralmente pouco letrados e abertamente hostis a intelectuais. Encabeçou a Escola de Catequese de Alexandria e foi mestre de Orígenes, que o sucedeu. O historiador Eusébio de Cesareia considerava Clemente um incomparável mestre da filosofia e, para são Jerônimo, Clemente foi o mais erudito dos Padres da Igreja [N.T.].

7. O evangelho de Felipe faz parte dos textos apócrifos escritos em copta que foram encontrados, a partir de 1945, nas grutas de Nag Hammadi, no Alto Egito. Este evangelho do século II d.C., que deve ter servido como catequese para o uso dos iniciados, apresenta-se como um testemunho original sobre a vida e o ensinamento do Cristo na sua época. Atribuído a um dos discípulos mais próximos de Jesus, ele permite que descubramos uma figura talvez mais humana, mais livre em seus propósitos e nas suas atitudes relativas aos homens e mulheres que o cercavam. Tanto o evangelho de Felipe quanto o evangelho de Tomé foram traduzidos e comentados por Jean-Yves Leloup e foram publicados no Brasil pela Editora Vozes [N.T.].

exatidão a etapa última deste itinerário vinculado ao reino sobre o Todo: o grande Repouso.

Convém dizer algumas palavras sobre cada uma dessas etapas.

Buscar

Que aquele que procura esteja sempre em busca: a verdade esconde-se para poder ser encontrada. Deus, como diz o profeta, é um "Deus oculto" para poder nos convidar ao "grande jogo", à busca.

Um velho rabino tentava fazer seu neto compreender isso: "Quando você brinca de esconde-esconde com um amigo, imagine sua expectativa e seu sofrimento se ele se esconde e você para de procurá-lo!"

Deus se esconde e nós não o buscamos mais, nós nos colocamos fora do jogo divino. Nossa vida, no entanto, só faz sentido quando estamos dentro deste jogo, desta busca. Não é a história de Israel uma história de esconde-esconde de um povo com o seu Deus?

O primeiro passo sobre o caminho da iniciação é, portanto, reencontrar o desejo de jogar, o sabor da busca, da procura, fazer de si mesmo um buscador e, quando tivermos encontrado, permanecer sempre em busca para descobrir incessantemente novas profundidades naquilo que foi descoberto.

Encontrar

Procurar, de uma certa maneira, já é ter encontrado. Desejamos algo que já conhecemos, senão de onde nos viria esta ideia? Todos nós já conhecemos "momentos estrelados" na nossa existência que dão testemunho, qualquer que seja a densidade da nossa noite, de que a luz existe.

"Você não me procuraria se já não tivesse me encontrado."

Assim, o próprio movimento da busca é abrir-se mais àquilo que já está presente, mas que não conhecemos o suficiente: "Existe no meio de vós alguém que vós não reconheceis", dizia João Batista aos discípulos. Existe no meio de vós uma Presença a ser reconhecida e afirmada. Buscar-encontrar é abrir-se mais Àquilo que – desde sempre – nos é dado.

Ficar perturbado, impressionado

Esse reconhecimento do Ser nos perturba, nos transtorna, nos impressiona e mexe conosco. O despertar a esta outra dimensão coloca em questão nossa visão ordinária ou "normotizada" do mundo. Quando, através da física quântica, descobrimos que um objeto está ao mesmo tempo presente e ausente, que ele é onda e partícula, a inteligência fica perturbada, sua lógica e sua coerência ordinárias não são mais suficientes para explicar o fenômeno.

A experiência do Ser coloca em questão nossa visão do real condicionada pelo instrumento conceitual através do qual pensamos compreendê-lo. Essa relativização dos nossos modos de conhecimento habituais não acontece sem que haja perturbação, sem que fiquemos impressionados e transtornados e, no entanto, se nós aceitarmos isso como uma etapa no processo evolutivo da nossa consciência, nós seremos pouco a pouco conduzidos ao deslumbramento.

Deslumbrar-se, ficar maravilhado

No século IV o bispo Gregório de Nissa já dizia que "os conceitos criam os ídolos de Deus, mas apenas o deslumbramento pode nos dizer algo a respeito". Filósofos como Platão ou Aristóteles viam no assombro e no deslumbramento o início da Sabedoria. Einstein, mais próximo de nós, dirá: "Apenas os imbecis não ficam maravilhados" (os imbecis: aqueles que acreditam saber e que param na sua busca).

Quanto mais descobrimos, mais nos maravilhamos e nos deslumbramos. Para Einstein, o maravilhoso não é o feérico, é o fato de que o mundo seja compreensível durante alguns momentos, que haja nele essa possibilidade de um acordo, de uma ressonância entre nossa inteligência, nossos sentimentos e o cosmos, como se eles fossem animados por uma mesma consciência. Tendo experimentado isto, entramos, então, no mistério daquilo que reina sobre o Todo.

Reinar sobre o Todo

Não nos percebemos mais separados do mundo, mas como um dos lugares possíveis onde o universo toma consciência de si mesmo. Fazemos apenas um com aquilo que reina sobre o Todo; é o mesmo Espírito, o mesmo Sopro, a mesma Energia que me atravessa e que faz vibrar as montanhas ("elas saltam como ovelhas", dizia o salmista; um físico contemporâneo não diria o contrário). A inteligência que pensa em mim também faz florescer os campos e cantar os pássaros. A vida que corre nas veias da criança não é estranha à seiva que faz crescer as árvores...

Eu não me percebo mais como uma expressão particular dentre outras deste Todo que é um, e é na interconexão vivida de todas as coisas que conheço a imensidão e o repouso.

Repousar

O tema do *shabbat* é importante entre os judeus. Após os momentos de trabalho, do fazer e do ter, é preciso nos darmos o tempo para sermos: sentar-se diante de Deus, simplesmente ser.

O tema do repouso é igualmente importante entre os gnósticos. A inteligência e o coração, unificados nesta consciência que anima todas as coisas, podem repousar. Aquilo que antes aparecia como contraditório ou oposto revela-se, de agora em diante, como complementar; existe passagem além da dualidade. Descobrimos os reflexos múltiplos, em todos os poços do mundo, de uma lua única.

Essa não dualidade vivida é a paz, o repouso, objetivo incessantemente buscado em todas as etapas deste caminhar iniciático no qual devemos nos manter em busca sem medo de ficarmos perturbados e maravilhados; fazer deste assombro e deste repouso nossa morada.

> Jesus dizia:
> se lhe perguntarem: De onde és?
> Responde:
> Nascemos da Luz,
> Ali onde a Luz nasce dela mesma
> Ela mantém-se ereta
> E revela-se na sua imagem.
> Se lhe perguntarem: Quem és tu?
> Responde:
> Nós somos seus filhos
> E nós somos os bem-amados do Pai, o Vivente.
> Se o interrogarem:
> Qual é o sinal de vosso Pai que está em vós?
> Dize-lhes:
> É um movimento e um repouso[8].

---

8. Ibid. *Logion* 50.

A gnose é uma experiência de luz, é isso que revela o monge Serafim ao filósofo Motovilov[9] quando este vai visitá-lo no seu eremitério. Não é um discurso sobre a luz, é uma participação no seu brilho incriado.

Para Gregório Palamas[10] e os monges do monte Athos[11], o objetivo da vida cristã é esta experiência da luz incriada, aquela

9. São Serafim de Sarov (1759-1833), nascido Prokhore Mochnin em Koursk, na Rússia, recebeu, ainda jovem, a visita da Virgem Maria, o que fez com que ele, aos 20 anos, entrasse no monastério de Sarov onde adotou o nome de Serafim, o "flamejante". Foi sobretudo graças ao seus diálogos com Nicolau Motovilov (1809-1879), testemunha da sua união mística com o Espírito Santo, que tocamos levemente a quintessência da sua mensagem. No Oriente ele será o santo que lembrará ao mundo moderno que existe uma Outra Luz, que habita e transcende o homem, conferindo-lhe uma dignidade incomparável e uma alegria que não conseguimos conceber [N.T.].

10. Gregório Palamas (1296-1359) foi um monge do monte Athos, e, posteriormente, arcebispo de Salônica, conhecido como o teólogo preeminente do hesicasmo. Ele é venerado como santo pela Igreja Ortodoxa, que denomina o segundo domingo da Quaresma de "Domingo de Gregório Palamas" em sua honra. Ele sustentava a doutrina ortodoxa de que é impossível conhecer Deus em Sua essência (saber quem é Deus, de fato), mas é possível conhecê-Lo em Suas energias (saber o que Deus faz e quem Ele é em relação à criação e ao homem), uma vez que é a forma pela qual Ele se revela à humanidade. Assim sendo, ele faz referências aos Padres Capadócios e outros escritores cristãos e Padres da Igreja.

Palamas ainda defende que, quando Pedro, Tiago e João testemunharam a transfiguração de Jesus no monte Tabor, eles estavam, na verdade, vendo a luz de Deus e que é possível a outros o direito de ver a mesma luz com o auxílio de certas disciplinas espirituais e meditações, ainda que isso não aconteça de maneira mecânica ou automática [N.T.].

11. Situado na Grécia, o monte Athos é considerado um dos lugares mais importantes dentro do cristianismo ortodoxo. Interditado às mulheres e fechado ao turismo, a "quase ilha" (expressão referente ao fato do monte Athos ser uma península conectada ao continente por uma estreita faixa de terra) é povoado apenas por monges que habitam os diversos monastérios ali existentes e que ainda vivem segundo o ritmo e os costumes do período bizantino. Cf. *Sabedoria do monte Athos* – Caminhos sobre o Infinito. Jean-Yves Leloup. Editora Vozes, 2012 [N.T.].

que brilha na sarça ardente, no monte Tabor e no dia da Ressurreição; "Ela mantém-se ereta", de pé como uma manhã de Páscoa. "A luz que brilha, além deste céu, além de tudo, nos mundos mais elevados, além dos quais não existe nada mais elevado, é, na verdade, a mesma luz que brilha no interior do homem", diz a *Chandogya Upanishad*.

Assim, à tríplice questão: "De onde viemos, quem somos, para onde vamos?", respondemos sem hesitação: "Eu venho da Luz, eu sou Luz, eu voltarei à Luz". É a própria verdade do Filho vivente em nós, é a Realidade que permanece no meio da vestimenta mutante das aparências.

O sinal do nosso vínculo com esta Realidade luminosa "é um movimento e um repouso", é a unificação dos contrários, a unidade da ação e da contemplação, a tranquilidade nos atos e o repouso eficaz.

Pirro[12], o filósofo a caminho

A cada estadia minha em Atenas eu gosto de tomar este caminho, o *peripatos*[13], que a partir das ruínas do templo de Dioniso "sobe" rumo ao templo de Atena, passando pelo teatro recentemente descoberto e o templo de Asclépio. Eu o via como uma parábola de todos os caminhos iniciáticos, do caos de Dioniso rumo ao cosmo de Atena, passando pela *catharsis* (o teatro) e o cuidado terapêutico (*asclépios*). É preciso "carregar em si um caos para poder trazer ao mundo uma estrela que bai-

12. Pirro de Élis (ca. 360 a.C.-ca. 270 a.C.), filósofo grego, nascido na cidade de Élis, considerado o primeiro filósofo cético, fundador da escola que veio a ser conhecida como pirronismo [N.T.].

13. *Peripatos* é o nome de uma das escolas filosóficas da antiga Atenas. Seus ensinamentos originam-se do seu fundador, o filósofo grego Aristóteles. Seus seguidores eram chamados de "peripatéticos". Há mais de uma explicação possível para essa designação: o nome *Peripatos* pode ter sido adotado devido às *peripatoi* ("colunas") do Liceu em Atenas, onde os membros se encontravam ou devido à palavra grega *peripatetikos* que se refere ao ato de caminhar. O adjetivo "peripatético" é usado frequentemente para falar de coisas itinerantes, passeios, caminhadas. Dizia-se que Aristóteles era um professor "peripatético", ou seja, que ele caminhava enquanto lecionava. O lugar onde ele costumava caminhar e lecionar é chamado de *peripatos*, e é este lugar ao qual o autor se refere [N.T.].

la", fala Nietzsche através de Zaratustra[14]. Eu acrescentaria que também é preciso um caminho. Os filósofos da Antiguidade, tendo como única bagagem a razão e a vontade, caminharam frequentemente sobre este *peripatos*, eles também dedicaram seu tempo a sentar-se junto a seus discípulos. Este caminho que eles desenharam me parece justo e suficiente.

Fiquei feliz ao caminhar sobre os passos de Aristóteles, Platão, Sócrates, Zenão, Epicuro e muitos outros, e de permanecer sentado ali onde eles próprios passaram longos momentos contemplando, além das oliveiras, a cidade turbulenta, com seus dramas e seus jogos. Mas um deles, sobretudo, parecia poder encarnar plenamente esta figura do filósofo, do "homem que caminha", ao mesmo tempo centrado e aberto, sempre no porto, mas jamais tendo chegado; sempre a caminho; sentado, mas não parado. Aos meus olhos, este homem é Pirro, filho de Pleistarco. Para ele, o *peripatos*, o caminho, não tinha uma direção, uma orientação: nem ascensão nem descida. Por que escolher a ordem (Apolo, Atena) ao invés do caos (Dioniso)? A luz ao invés da sombra? "Não mais isto do que aquilo"[15] é uma das suas frases mais conhecidas. Foi desta maneira que fizeram de Pirro o fundador de uma nova escola filosófica: os céticos.

14. *Assim falava Zaratustra (Also sprach Zarathustra*, no original em alemão), obra escrita entre 1883 e 1885 pelo filósofo alemão Friedrich Nietzsche que influenciou de maneira significativa o mundo moderno. O livro narra as andanças de um filósofo, autodenominado de Zaratustra, após a fundação do zoroastrismo na antiga Pérsia. O livro usa uma forma poética e fictícia, frequentemente satirizando o Novo Testamento. A ideia central do livro é que os seres humanos são uma forma transicional entre macacos e aquilo que Nietzsche denominou de *Übermensch*, literalmente "além do homem", mas traduzido por "super-homem" [N.T.].

15. O ensinamento de Pirro (século III a.C.) foi compilado por Diógenes Laércio (século III d.C.) *em Vies, doctrines e sentences des philosophes illustres* (Vidas, doutrinas e sentenças dos filósofos ilustres). Tradução de Robert Genaille. Flammarion. Coleção "GF", 1965.

No entanto, Pirro não duvida de nada, ele surpreende-se com tudo, ele não entra em contradição com esta ou aquela filosofia, ele observa apenas que elas se contradizem, cada uma tem razão, cada uma tem apenas razão. O que as aproxima, a rigor, é o seu dogma, sua pretensão a possuir a verdade, ou a impor aos outros seu próprio modo de vida (espiritualista para uns, materialista para outros) enquanto que, para ele, a realidade é acataléptica[16], do grego *acatalepsia*, a "incognoscibilidade de todas as coisas". Para ele, portanto, a realidade é incognoscível, inalcançável. Convém "suspender seu julgamento" (*epoché*) desde agora, não parar na sua caminhada nem na sua investigação interna: permanecer "passante", pois o fundo é sem fundo, o caminho infinito.

Pirro dedica parte do seu tempo a sentar-se em cada uma das escolas com a qual ele se depara e a dialogar com todos os filósofos que ali se encontram, não sem certa ironia, ao modo de Sócrates. Ele lhes lembra sua ignorância: "Eu não posso garantir que o mel seja doce; mas concedo que ele pareça doce". Para ele, que as coisas pareçam com isto ou com aquilo depende do modo de percepção de cada um, mas, sem dúvida, é sensato dizer que ignoramos aquilo que as coisas são.

Ele não diz, como Sócrates, que "sabe que nada sabe": aos seus olhos essa é uma sentença ainda mais dogmática, a afirmação de um saber superior, de uma "douta ignorância". Pirro contenta-se em saber aquilo que ele sabe e de não saber aquilo que ele não sabe. Nisto ele está próximo dos teólogos apofáticos[17]

16. Relativo à acatalepsia: impossibilidade de atingir ou compreender a verdade [N.T.].

17. O apofatismo (palavra de origem grega que literalmente quer dizer "não dizer") é um método teológico segundo o qual Deus é incognoscível através da razão, pois ele transcende a realidade física e a capacidade cognitiva humana. Neste caso, a maneira mais adequada de aproximar-se de Deus é através do silêncio, da contemplação e da adoração do mistério [N.T.].

quando eles dirão, mais tarde, que, se a essência do Real permanece "incompreensível", ela é, no entanto, "cognoscível" em suas energias ou através da sua manifestação; aporia que reconhece cada nível de realidade em seu lugar justo sem se deixar obnubilar por um nível ao invés de um outro. Tudo é Real, o Absoluto assim como o relativo, mas nada pode pretender expressar a Totalidade do Real, nem a matéria nem o espírito, nem isto nem aquilo: "É a verdade, mas não toda", dirá Jacques Lacan. Pirro tenta, desta maneira, despertar cada um a esta consciência-testemunha que vê todas as coisas aparecer e desaparecer, sem nada buscar obter ou reter: nem atração, nem repulsa, nem indiferença, "aquilo que é, é; aquilo que não é, não é", dirão mais tarde os evangelhos.

Para falar da melhor maneira possível de Pirro seria preciso evocar antes sua doçura (*prautes*) à sua impassibilidade (*apatheia*). Sua prática da filosofia é ao mesmo tempo doce e exigente: a inteligência não deve ser parada por aquilo que ela sabe, o desejo não deve ser parado por aquilo que ele cobiça, o olhar por aquilo que ele vê, o coração por aquilo que ele ama, a fé por aquilo no qual ela crê. É este caminhar perpétuo que permite a Pirro ser padre, celebrar os deuses, sem ser um idólatra. Tudo é símbolo, analogia, epifania de um Real que não saberíamos alcançar. Mas também não se trata de negar as manifestações deste Real, de negar as aparências; basta ter consciência de que elas não passam de aparências, no seu caráter maravilhoso, derrisório e sempre impermanente.

Será que Pirro trouxe das suas viagens com Alexandre, durante sua estadia na Ásia, essa equanimidade, essa igualdade de alma em todas as circunstâncias? Muitos dos seus propósitos e atitudes deixam entrever isso, não fosse a pouca consideração que ele tinha por sua própria vida e sua própria morte, como se a consciência na qual ele habitava se situasse além daquilo que chamamos vida e morte com seu cortejo de questões, de justificativas, de explicações, vãs e parciais. No entanto, ele fala, sem querer ensinar quem quer que seja, pois "tudo aquilo que se ensina não vale a pena ser aprendido". Para ele, falar ou se calar não faz diferença, ele acha igualmente belos o canto e o silêncio do pássaro.

Ele é filósofo sem ser filósofo, sem defender nenhuma doutrina; ele é padre sem ser padre, sem ser o fiador de nenhuma religião. Tudo tem direito a existir: os deuses, as ideias, os vícios, as virtudes, o bem, o mal etc. Tudo isto é relativamente real, relativamente verdadeiro – e por que não temer ou honrar isto e aquilo? –, mas nada merece nossa adoração, o assentimento da nossa inteligência e da nossa afetividade. Esses, para continuarem vivos, devem permanecer na orla de um caminho sempre a ser descoberto ou a ser traçado ou inventado.

Em todas as escolas pelas quais ele passa, ele aprende a desaprender, ele se libera de todas suas dúvidas assim como de todas as certezas, ou seja, de todas suas questões, assim como de todas suas afirmações ou negações. Sua grande prática é a da aporia, ele mantém seu espírito e seu coração na abertura de uma não compreensão, de uma não discriminação.

Assim, o seu ser, que não é nem fixo nem petrificado em uma representação qualquer, avança sem preocupações no meio das tempestades. Aliás, contam essa anedota a seu respeito: "Enquanto os homens da equipe faziam cara feia devido a uma tempestade, ele próprio, mantendo toda sua serenidade, subiu o seu moral mostrando-lhes um porquinho que comia sobre o barco e dizendo-lhes que o sábio deveria manter-se em um semelhante estado de imperturbabilidade"[18]. Este não é um simples elogio da despreocupação, mas é levarem consideração a vacuidade de nossos esforços em querer alterar o que quer que seja no correr do tempo[19].

"Vós conseguis acrescentar uma única polegada à duração da sua vida, vós conseguis fazer vossos cabelos brancos se tornarem negros?", perguntará mais tarde o Evangelho. Sim, é claro, responderá um contemporâneo citando os progressos da medicina e da técnica... Mas não é esta a questão. Para Pirro, não acrescentamos nada e não tiramos nada do real, modificamos certas formas ou certos agenciamentos dos nossos agregados, mas o essencial permanece aquilo que ele é. O céu não é maculado pela densidade das nuvens nem pelas nossas poluições. Um filme de horror não deixa marcas sobre a tela sempre imaculada da pura Consciência.

Pirro mantém-se ereto, neste Espaço onde muitos seriam tomados pela vertigem. "Viver sem apoio e, no entanto, apoiado." Qual é, portanto, esta arte de viver, este "seguir em frente", ali onde tudo parece querer nos deter?

Em uma época onde o mundo se torna cada vez mais pesado, Pirro, o filósofo a caminho, o peripatético magnífico, representa o homem leve, sem peso. Ali onde ele se encontra, nós mal o percebemos e, contudo, ali onde ele caminha é primavera; aqueles que cruzam seu caminho verdejam ou começam a florescer. Seu ser eclode. Um sorriso implacável e benévolo ilumi-

18. Diógenes Laércio. *Vies et doctrines des philosophes illustres* (Vidas e doutrinas dos filósofos ilustres). Trad. Marie-Odile Goulet-Cazé. Le Livre de Poche, 1999.

19. Cf. Christian Jambet. "Éloge de Pyrrhon" (Elogio a Pirro). In: *Le Caché et l'Apparent*. L'Herne, 2003.

na seu semblante por alguns instantes; não é uma luz petrifica-da, não é uma necessidade que imporia seu clima. Sua serenida-de é feita de raios, esses raios falam bastante sobre a tempestade neles contida. Ele vê todas as coisas não através de uma grade (de leitura ou outra), mas na luz, essa luz que não toca nem é tocada por aquilo que ela desvela, seu olhar permanece no entre dois do sujeito e do objeto e é desta maneira que ele nada separa e nada mistura. Não é este o objetivo do sentar assim como do caminhar: Permanecer desperto, ver o dia que se ergue há mui-to tempo sob nossas mil e uma pálpebras?

Por vezes nos surpreendemos que Pirro seja padre e até mesmo presbítero: Como isso é possível para um filósofo? Para Pirro, podemos crer se sabemos que cremos, podemos imaginar deuses, explicações ou um sentido ao mundo se não nos esque-cermos que estamos imaginando-os. Da mesma maneira, um pensador pode pensar todos os pensamentos, as doutrinas que ele quiser, se ele conhecer aquele que as pensa; ele pode afirmar todas as dúvidas e todas as certezas que os acontecimentos lhe inspiram, se ele não se esquecer daquele que duvida ou daquele que crê. O importante é conhecer a consciência que se mantém por trás de todo conceito e de todas as representações.

Pirro não tem uma religião em particular a não ser a da cidade, não existe filosofia particular se não for a dos filósofos e das escolas junto às quais eles caminham, mas ele não adere a nenhuma, pois ele mantém-se, justamente, à margem de todas as formas e de todas as representações particulares. E, afinal de contas, é melhor ser padre do que filósofo, as imagens são por vezes menos alienantes do que as ideias; em um espírito não parado, até mesmo os ídolos são ícones. Zeus não existe, seu nome assinala a luz; Dioniso não existe, seu nome assinala o terror ou a alegria.

Pirro não zomba de nada nem de ninguém, ele não é um cínico, ou seja, alguém que late[20]; ele não leva nada a sério, pois ele não pode emitir um julgamento claro e definitivo sobre nada.

Teríamos ainda muito a dizer sobre este peripatético, sobre sua inocência, sua disponibilidade, seu ser que avança. Seu caminhar é tão flexível e delicado como o dos elefantes, ele toma cuidado para nada quebrar à sua volta, nem doutrina nem crença, e, contudo, quando o veem, todos se afastam, os mitos e as razões se apagam.

Ele é como o vento entre as árvores. "Não sabemos nem de onde ele vem nem para onde ele vai", diria o Evangelho. Pirro não é um pirroniano assim como o Cristo não é cristão. Ele é, como Jesus, um homem que caminha, que se senta, quando o coração assim o pede, para falar com as crianças, acariciar as aves, lavar um porquinho[21]. Ele ri para os anjos, celebra os deuses. Por quê? Por nada... como este peregrino que encontra um dia Mestre Eckhart: "Por que, ó vagabundo, és tão feliz, por que vives?"

20. A palavra "cínico" deriva do grego *kynismós*. A origem do termo, porém, é incerta: alguns autores afirmam que é o lugar onde a Escola dos cínicos teria sido fundada; outros afirmam que é um termo derivado da palavra grega para cachorro (*kuôn*), pois os filósofos cínicos faziam várias referências a este animal. Platão definia Diógenes de Sinopo como um socrático que enlouqueceu, cujo objetivo era subverter todo conformismo, todo modelo moral. Sua filosofia se traduzia por atos voluntariamente provocadores: ele transgredia os fundamentos da cultura a ponto de urinar e latir como um cachorro. O movimento cínico, inscrito na sociedade antiga, apresentava-se, sobretudo, como um modelo de contestação [N.T.].

21. Sobre todos esses detalhes, cf. Diógenes Laércio. *Vies et doctrines des philosophes illustres* (Vidas e doutrinas dos filósofos ilustres), livro IX. Op. cit., p. 115, n. 1.

"Vivo porque vivo, responde ele, existe, então, outra coisa a se fazer a não ser viver instante após instante, estar vivo?"

Pirro vê o Incriado em todas as coisas e é este Incriado que ele celebra nas formas múltiplas e diversas onde este lhe aparece. Todo visível é aparição do Invisível. Ele vive em um mundo de aparições mais do que em um mundo de aparências, o olhar do coração está aberto, ele avança. A morte, ou, mais exatamente, a ideia da morte ou o medo da morte, ficou para trás. Ele está presente àquilo que jamais nasceu e àquilo que jamais morrerá. Sua prática é uma atenção permanente, uma disponibilidade a tudo aquilo que vem (*oerkomenos*, dirá o Apocalipse de João), uma escuta sem julgamento de tudo aquilo que é dito, pensado, imaginado... Ele ouve que tudo isto é verdadeiro e que tudo isto não é nada,

ele avança,

seu passo ligeiro nos lembra que as escolas são finitas,

salvo a primavera.

4

O "EROS GREGORIANO" OU O DESEJO DE CAMINHAR

Gregório de Nissa nasceu na Capadócia por volta de 331. Ele pertencia a esta "fraternidade abissal dos seres de diamante", como eram chamados os capadócios, cuja influência e a busca pelo Único essencial marcaram a história do Oriente e do Ocidente cristãos. Basílio, irmão de Gregório, gênio da organização, é o fundador da vida monástica. Gregório de Nazianzo, o poeta, é o liturgo[22] e o chantre[23] da Trindade. Gregório de Nissa aparece mais como o filósofo. Para ele, assim como para Justino, Orígenes e Clemente de Alexandria, ser cristão não é recurvar-se sobre suas crenças de maneira sectária, mas é abrir-se às questões da sua época e tentar respondê-las à luz da experiência e da graça.

É pouco provável que Gregório de Nissa tenha tido conhecimento do evangelho de Tomé, no entanto, sua *Vida de Moisés* não deixa de lembrar os *logions* que nós citamos; a obra descreve bem o caminhar e as etapas daquilo que poderíamos chamar de "*eros* gregoriano".

22. Na Antiguidade, era a pessoa encarregada da liturgia [N.T.].
23. Aquele que entoa os salmos, podendo ser também o diretor do coro [N.T.].

Alguns textos serão suficientes para mostrar a riqueza e o poder do pensamento de Gregório, assim como o caminho e as etapas do *eros* gregoriano, caminho que deve atravessar o desejo do homem rumo à Realidade que ele anseia. Para Gregório, a causa do sofrimento e do mal-estar do ser humano é esta separação entre o ser humano e o Real, é a ignorância do Ser que ele deseja e sente saudade, apesar da densidade do esquecimento.

É o seu parentesco com o infinito que faz do homem um animal insatisfeito, um ser de desejo:

> De fato, da mesma maneira como o olho participa da luz graças aos princípios luminosos que aí estão naturalmente depostos, e atrai para si, em virtude deste poder inato, aquilo que possui a mesma natureza, da mesma maneira uma certa afinidade com o divino misturou-se à natureza humana para lhe inspirar, através desta correspondência, o desejo de se aproximar daquilo que lhe é familiar[24].

O desejo não vem do ser humano, ele é criado por esta afinidade com a natureza divina que Deus depositou em nós: desta maneira é Deus, em definitivo, que nos atrai a Ele:

> Também o homem foi dotado de vida, de razão, de sabedoria e de todas as vantagens divinas, para que cada uma delas faça nascer nele o desejo daquilo que lhe é aparentado[25].

Assim, existe no homem criado "à imagem e semelhança de Deus" um desejo por aquilo que lhe é aparentado, por aquilo que lhe é familiar, mas este desejo permanece livre: "O homem é um espelho livre". Esta imagem do espelho é familiar aos filó-

24. Gregório de Nissa. *Discurso catequético* [Tradução do autor].
25. Ibid.

sofos da Antiguidade. Os espelhos eram, então, feitos de metal e, dando sequência a Plotino, Gregório afirmará que é preciso retirar a ferrugem para que a luz possa ser refletida, mas, mesmo assim, ainda é preciso orientar o espelho. Reconhecer o desejo não é o suficiente, também é preciso purificá-lo e depois orientá-lo: "Recebemos em nós a similitude daquilo que observamos". O espelho voltado para o caos refletirá o caos; voltado para a luz, ele próprio se tornará luz. Nós nos tornamos aquilo que olhamos, nós nos tornamos aquilo que amamos.

O Evangelho diz: "Ali onde está o teu tesouro, ali também estará o teu coração", daí a importância da vigilância e do discernimento quanto ao "obscuro objeto do nosso desejo".

"O que realmente merece ser amado?" Colocar esta questão é invocar o conhecimento, a gnose inspirada que iluminará o desejo e a vontade para orientá-los em direção "àquilo que realmente é".

Um texto de *Contra Eunômio*[26] mostra bem as etapas atravessadas por Abraão rumo ao Real e as mutações do seu desejo. Primeiro, Abraão observa aquilo que o cerca: o movimento dos rebanhos, o ciúme das suas mulheres, as alternâncias do dia e da noite, as estrelas mais numerosas do que as areias do deserto.

> Depois, após ter ultrapassado a sabedoria nativa, quero dizer, a filosofia caldeia que se detém nas aparências, Abraão elevou-se acima de tudo aquilo que pode ser conhecido pelos sentidos (noite dos sentidos).

26. A obra *Contra Eunômio*, de Gregório de Nissa, marca uma etapa nos debates trinitários que dominaram as Igrejas do Oriente na segunda metade do século IV [N.T.].

Mas, assim como a harmonia das maravilhas celestes (objeto da filosofia caldeia), lhe tinha trazido o desejo de ver a beleza sem forma, da mesma maneira todas as coisas que ele conhecera nesta segunda etapa: poder, beleza, infinidade (objeto da filosofia simbólica), ele fez deles muitos degraus para chegar mais longe.

Tendo purificado inteiramente seu espírito de toda representação da natureza divina (noite da inteligência) e adquirido uma fé sem mistura e pura de todo conceito, ele tomou por sinal de uma inteligência infalível da divindade, acreditá-la superior a qualquer sinal determinado (objeto da filosofia apofática[27]).

Nós reconhecemos aqui três ordens de realidade, tendo Abraão como exemplo, sobre as quais nossa inteligência e nosso desejo podem se sustentar:

1) A realidade fenomenal (as aparências), o que Gregório descreve como objeto da filosofia caldeia, ciência daquilo que podemos perceber através dos sentidos ou dos instrumentos que os prolongam. Trata-se, portanto, da realidade apreendida por um tipo de conhecimento científico; nós estamos no campo do observável.

2) A realidade evocada pela harmonia, a ordem e a beleza das formas, objeto do conhecimento noético ou simbólico, realidade inteligível ou imaginal: nós estamos aqui no campo dos transcendentes (o Ser, o Belo, o Bem) ou dos arquétipos. Para Gregório, as diferentes abordagens desses campos "sutis" do Real devem ser consideradas "como tantos degraus para chegar mais longe", o espírito purificado de toda representação.

27. Gregório de Nissa. *Contra Eunômio* (Contre Eunome) [Tradução do autor].

3) A Realidade pura, sobre a qual nada podemos dizer ou pensar, objeto do conhecimento apofático. Nós passamos do campo do observável ao campo do conceituável; nós estamos agora no campo do inconcebível.

O tema dos diferentes níveis de Realidade, aos quais se sintonizam diferentes tipos de conhecimento, foi retomado por são Boaventura[28] na Idade Média e, mais recentemente, por Ken Wilber[29]. Eles falarão sobre os "três olhos do conhecimento": o olhar da ciência, o olhar da filosofia e o olhar da contemplação.

Cada olhar desenvolve seu modo de apreensão do Real e a metodologia que lhe é própria. Não se trata de confundi-los, tampouco de opô-los, mas de manter unidos os diversos objetos do nosso desejo, ordenando-os e respeitando a especificidade da sua ordem.

Não chegamos de chofre ao Real absoluto, há um certo número de "passagens", de mutações, pelas quais o espírito e o de-

---

28. São Boaventura (1221-1274), nascido Giovanni de Fidanza. Diz a lenda que são Francisco de Assis o curou de uma doença grave e exclamou: "Ó buena ventura", e assim seu nome mudou para Boaventura. Foi contemporâneo de santo Tomás de Aquino, tendo sido amigo deste último. Foi bacharel em Teologia e Escrituras, além de mestre em Teologia. Com apenas 36 anos foi eleito Ministro Geral dos Franciscanos, tendo criado um jogo de regras que se tornou a Constituição da Ordem, e assim passou a ser chamado de "o segundo fundador dos franciscanos". Quando ele morreu, a "Ata Oficial do Concílio escreveu: "Nesta manhã morreu o irmão Boaventura de famosa memória, homem de notável santidade, bondade, homem piedoso, afável, misericordioso e repleto de virtudes e amor a Deus e ao homem... Deus deu a ele a graça de que todas as pessoas que com ele conviveram o respeitassem e o amassem". São Boaventura foi canonizado em 1482 e declarado doutor da Igreja em 1588 [N.T.].

29. Nascido em 1949, Ken Wilber é um escritor e espiritualista americano. Suas obras podem ser inseridas no campo da psicologia, da epistemologia, da história das ideias, da sociologia, da mística, da ecologia e da evolução. Formulou a "teoria integral da consciência" e é fundador do Integral Institute (Instituto Integral) [N.T.].

sejo devem passar. Gregório falava de Abraão; ele também vai se inspirar em Moisés e em sua subida rumo às trevas "supraluminosas" do Sinai.

Moisés ou as etapas de uma antropologia em formação

> A manifestação de Deus foi feita, primeiro, a Moisés na luz (*dia photos*). Em seguida, ele falou com ele na nuvem (*dia nepheles*). Enfim, tendo se tornado perfeito, Moisés contemplou Deus nas trevas (*engnopho*)[30].

Da mesma maneira como existe uma ignorância que é esquecimento ou preguiça e uma "douta ignorância" que se situa nos cimos do saber, há uma treva que é ausência de luz e uma treva que é excesso de luz. É nesta treva que entra Moisés no cume do Sinai.

É interessante observarmos, com Gregório, esta dimensão "noturna" do despertar que será retomada por são João da Cruz: "Não podemos ver Deus sem morrer".

"A visão do sol cega nossos olhos de coruja", dizia ainda Aristóteles.

> A passagem da treva (*skotos*) à luz é a primeira separação (*anakoresis*) das ideias falsas ou errôneas sobre Deus (o Real absoluto). A inteligência mais atenta às coisas ocultas conduz a alma pelas coisas visíveis à realidade invisível; ela é como uma nuvem (*nephelè*) que escurece todo o sensível e acostuma a alma à contemplação daquilo que está oculto. Enfim, a alma que caminhou por estas vias, rumo às coisas elevadas, tendo deixado as coisas terrestres, na

---

30. Gregório de Nissa. *Homilias sobre o Cântico dos Cânticos* (Homélies sur le Cantique des cantiques), XI [Tradução do autor].

medida do possível à natureza humana, penetra nos santuários da teognose cercada por todos os lados pela treva divina[31].

Trata-se, então, para o homem, que é um arquétipo de Moisés, viver essas três etapas: passar das trevas da ignorância à luz, depois, além da luz, entrar na nuvem, e, na nuvem, deixar-se guiar rumo às "trevas supraluminosas".

Essas três etapas correspondem às três vias já esboçadas por Orígenes e desenvolvidas em seguida pela tradição cristã: via purgativa, noite dos sentidos, passagem do quantitativo ao qualitativo; via iluminativa, *gnosis* ou noite do espírito, passagem do qualitativo ao não qualificável; via unitiva, *ágape*, não dualidade, união como Vivente.

Como Gregório articula essas três etapas? Notemos de antemão que ele não abandona jamais sua atitude de análise. É esta análise da impermanência e da inconsistência do primeiro nível de realidade que vai conduzi-lo a esta "inviolável tranquilidade do coração", que o tornará capaz de amar inteligivelmente, assim como o Cristo amou.

Teia de aranha, sonho, jogo de areia

"A teia de aranha" tem, na aparência, consistência, mas se colocarmos a mão ela vai se desfazer ou desaparecer. Assim a vida do homem implicado em preocupações fúteis, que são como fios suspensos no ar tecendo de maneira vã uma teia inconsistente. Se a tocarmos com um raciocínio firme, a vã preocupação escapa da prisão e esvai-se.

31. Gregório de Nissa. *Vida de Moisés*. Op. cit.

Tudo aquilo que perseguimos nesta vida tem, desta maneira, existência apenas na opinião e não na realidade: a honra, a dignidade, a glória, a fortuna e tudo aquilo a que se dedicam as aranhas da vida...

Aqueles que sobem às alturas, escapam com um golpe de asas às tramas das aranhas do mundo, mas aqueles que, como moscas, são pesados e sem energia, permanecem colados aos viscos da vida, é como se eles fossem aprisionados e ficassem amarrados sem redes, por honras, prazeres, louvores e desejos múltiplos; eles tornam-se, assim, a presa da besta que procura prendê-los"[32].

Gregório compara ainda esta vida mundana a um sonho, uma magia, um sortilégio, uma espécie de "feitiço" que nos faz tomar por real aquilo que não é.

Impressionante também é a imagem da duna de areia que desaba continuamente à medida que avança aquele que quer subi-la:

> Toda a solicitude dos homens, ocupados com os assuntos humanos, não passa de um jogo de crianças sobre a areia onde o prazer cessa com a ocupação. De fato, no próprio momento em que ela para de aluir, a areia que desaba não deixa mais sinal dos esforços feitos[33].

Gregório se situa assim na linhagem do Eclesiastes: "Vaidade das vaidades, tudo é vaidade".

Esta atitude de análise do caráter impermanente e transitório da realidade percebida pelos sentidos poderia conduzir a uma depreciação ou ao desprezo desta, atitude compartilhada

32. Segundo Gregório de Nissa [Tradução e adaptação do autor].

33. Ibid.

por alguns filósofos gregos. Este não é o caso de Gregório. Para ele, aquilo que é ruim é tomar pelo Real absoluto a realidade relativa, ou seja, a idolatria.

Esta realidade relativa possui uma função: ela deve nos fazer entrar na realidade simbólica antes de despertar em nós o desejo pelo puro Real.

> Que ninguém tome minhas palavras por uma condenação da criação. De fato, a censura recairia sobre aquele que tudo fez [...] A atividade dos sentidos é dada à natureza humana para que o conhecimento dos fenômenos conduza a alma à inteligência das realidades invisíveis[34].

Em alguns momentos, Gregório aproxima-se ainda mais de Platão:

> Aquele cujo espírito é pouco desenvolvido, quando ele vê uma coisa sobre a qual espalha-se qualquer aparência de beleza, crê que esta coisa é bela por si mesma [...] Mas aquele que purificou o olhar da sua alma e que é capaz de ver as coisas belas, deixa aí a matéria que sustenta a forma bela e serve-se, como de um estribo, do visível para elevar-se à contemplação do inteligível[35].

Mas o inteligível não é a última etapa da subida. Trata-se de ultrapassarmos o inteligível e entrarmos na Realidade espiritual. Aquilo que a inteligência pode conhecer são os atributos, as energias, os arquétipos, as manifestações do Real, não é o próprio Real.

34. Gregório de Nissa. *Comentário sobre o Eclesiastes* [Tradução do autor].
35. Gregório de Nissa. *De originate* [Tradução do autor].

Ora, Gregório, aguilhoado pelo infinito do seu desejo, quer nos fazer entrar, assim como Moisés, no Incognoscível. Isso não acontece sem algumas dificuldades para o ser humano, que são proporcionais às realidades finitas. O intelecto conhece apenas o espaçotemporal e este intelecto conhece, ao mesmo tempo, que isto é nada, é ilusão, miragem. É deste paradoxo que nasce a experiência apofática; a consciência não tem mais nenhum objeto a ser projetado, ela entra "em vacância"[36], ela mantém-se no aberto.

A questão do filósofo é: "Por que há algo além do nada?"

A questão do místico que chegou a esta etapa é, antes: "Por que não há nada ao invés de algo?"

Por que não há mais ser, ali onde esperávamos o Ser supremo? Esta questão encontra seu eco entre os físicos e os filósofos contemporâneos: o coração da luz é negro.

> Tudo aquilo que está no mundo criado é proporcional àquilo que é conatural, e nada, saindo da sua natureza, pode subsistir no ser [...] Mas a alma permanece sempre em si mesma e o que ela vê, é ela mesma que ela vê[37].
>
> Assim, ela pode percorrer, através do espírito, todas as coisas cognoscíveis, mas ela não pode percorrer o pensamento da eternidade, ela não pode [...] Assim, ela se encontra sobre uma espécie de promontório. Suponhamos um rochedo abrupto e a pico, cuja borda projeta-se sobre um abismo aberto que se estende sobre uma largura infinita. Imaginemos o que sentiria alguém que tocasse com a extremidade do

36. Jogo de palavras intraduzível para o português: *en vacance* pode significar tanto vacância, vazio, quanto "entrar de férias" [N.T.].

37. Cf. Edgar Morin, que escreve: "Acreditamos descrever um objeto externo e, sem o saber, descrevemos nós mesmos".

pé o rebordo que projeta-se sobre o abismo e não encontrasse mais nenhum apoio para o seu pé, nem algum lugar para se segurar com a sua mão. É isto que acontece à alma que ultrapassou aquilo que é espacial, em busca da realidade que não pertence nem ao tempo nem ao espaço: ela não encontra mais nada para estreitar: nem lugar, nem tempo, nem medida, nem outra coisa deste gênero que possa dar apoio ao espírito. Mas ela escorrega sem poder se agarrar de nenhum lado a nenhuma realidade compreensível, tomada por uma vertigem e sem nenhum socorro[38].

Ao ler esta passagem, Jean Daniélou[39] observou que tanto para Gregório quanto para Kierkegaard[40] o início da verdadeira filosofia não é a curiosidade, mas o desespero (*anelpistia*). No entanto, desesperar de nossos meios de conhecimento, desesperar do conhecimento objetivo e subjetivo, entrar em um além do sujeito e do objeto não é algo dramático, é apofático.

Moisés entrou nas trevas onde Deus se encontrava, ou seja, nos pensamentos secretos e invisíveis sobre o Ser. Quando a alma, amiga de Deus, busca aquilo que o Ser é por essência, ela entra em uma busca informe e invisível e é desta busca que lhe vem o bem maior, que é compreender que Deus é totalmente incompreensível e, justamente, ver que Ele é invisível,

38. Gregório de Nissa. *Vida de Moisés*. Op. cit.
39. Jean Daniélou (1905-1974), jesuíta francês, teólogo de renome, membro da Academia Francesa, bispo e cardeal. Ele foi um grande historiador das origens do cristianismo, personagem fora das normas, ardente partidário do diálogo inter-religioso e autor de diversas obras [N.T.].
40. Søren Kierkegaard (1813-1855), escritor, teólogo protestante e filósofo dinamarquês, cuja obra é considerada como uma primeira forma de existencialismo [N.T.].

já dizia Fílon[41]. Gregório acrescenta:

> O que significa a entrada de Moisés nas trevas? O verbo nos ensina que, quanto mais o espírito se aproxima da contemplação, tanto mais ele vê que a natureza divina é invisível. O verdadeiro conhecimento daquele que busca é, de fato, compreender que ver consiste em não ver[42].

"Aqueles que dizem 'eu vejo' não veem", diz ainda o Evangelho.

Desta vertigem do desconhecimento (*illiggia*) descrita por Gregório, o homem só sairá indo além da *gnosis*, no *agapé*. O caminhar do bispo de Nissa é um caminhar extático: entrar em si para sair de si, rumo ao Outro, o Todo Outro.

Trata-se de irmos sempre mais longe, de realidade em realidade, do sensível ao inteligível, do inteligível ao Ser, do Ser ao Aberto.

"De início em início, rumo aos inícios que jamais têm fim", a participação à vida divina é aquilo que ao mesmo tempo preenche e aprofunda nosso desejo.

> Tal é a participação dos bens divinos, que ela torne maior e mais capaz aquele em quem ela se realiza, trazendo um aumento de força e de grandeza àquele que a recebe, de modo que, assim alimentado, ele aumente e não deixe jamais de aumentar.
>
> De fato, a fonte dos bens jorra sem interrupção, a natureza do participante torna-se sempre mais desejosa do melhor, ao mesmo tempo mais espaçosa, as duas coisas crescem uma através da outra. Sempre encontrar naquilo que é realizado um novo impulso para voarmos mais alto.

41. Fílon de Alexandria. *De posteriate Caini* [Tradução do autor].
42. Gregório de Nissa. *Vida de Moisés*. Op. cit.

De fato, apenas a atividade espiritual possui esta propriedade de alimentar sua força gastando-a e, ao invés de perder, aumentar seu vigor através do exercício[43].

O homem ficará infeliz e insatisfeito enquanto não tiver aceito que é a própria natureza do objeto do seu desejo que faz com que este sempre lhe escape. Nós não podemos "ter" Deus, Ele não é um objeto, uma coisa que poderíamos possuir; amá-lo é, paradoxalmente, não deixar de nos inclinarmos em sua direção e renunciarmos a tê-lo... Não é este o próprio do amor: jamais reduzir o outro aos objetos do seu conhecimento, quer eles sejam sensíveis, afetivos ou inteligíveis, jamais reduzi-lo ao mesmo, ou seja, a si?

Para Gregório de Nissa, o desejo é aquilo que mantém o homem vivo e lhe revela ao mesmo tempo sua verdadeira natureza. O homem é um ser de desejo, mas este desejo não pode ser preenchido por nada desejável; além do mesmo, ele visa o Outro na sua Outridade radical, que, nas nossas necessidades de segurança, nós esquecemos para dar preferência aos ídolos que nos "saciam" – o ídolo mata o desejo ao pretender responder-lhe; a morte do desejo é, então, a morte daquilo que existe de mais humano no homem: este oco no coração, esta fome do Outro.

Mas podemos imaginar um "ser carente", um homem que tem um oco e que seja sereno e esteja em paz? No entanto, é rumo a este paradoxo que nos conduz Gregório de Nissa: é preciso imaginar Moisés, ser de desejo, pacífico e feliz.

43. Ibid.

Um ser de desejo

A questão que se coloca Gregório é, de fato, esta: "Como, após ter encontrado, permanecer sempre em busca?"

Como o homem, a quem tantas teofanias tornaram Deus claramente visível, segundo o testemunho das Escrituras, quando elas falam do "face a face, como um amigo fala a um amigo", tendo chegado lá, como se ele ainda não tivesse obtido aquilo que críamos sobre a fé da Escritura que ele já tinha encontrado, pede a Deus que se manifeste a ele, como se Aquele que não para de se mostrar ainda não lhe tivesse aparecido? E a Voz do alto acede por um lado ao desejo formulado pelo seu pedido e não lhe recusa conceder ainda esta graça; mas Ela o conduz novamente ao desespero, quando Ela explica que aquilo que ele busca excede a capacidade da natureza humana. Contudo, Deus diz que há um "lugar perto dele", e, neste lugar, um "rochedo", e, neste rochedo, um "oco"... e é neste "oco" que Deus pede a Moisés que ali se mantenha. A sabedoria da paz é aceitar este oco, sabendo que Deus o preenche cavando e aprofundando-o ainda mais. O espírito criado assemelha-se a Deus por ser "infinito", ele difere dele por ser um infinito em movimento. A essência da alma é, assim, uma "participação" sempre crescente, mas jamais realizada, em Deus. Este "oco" no homem é o próprio espaço da sua liberdade através do qual ele pode aceitar crescer, alargar sua capacidade de vida participando do Vivente.

[...] o Ser divino, sendo vivificador por essência, e, por outro lado, o caráter distintivo da natureza divina sendo, acima de toda determinação, aquele que pensa que Deus é algo determinado, passa ao largo daquele que é o Ser por essência, para capturar aquilo que a atividade subjetiva do espírito toma pelo ser e não possui a Vida. Pois a Vida verdadeira é Aquele que é por essência. Ora, este Ser é inacessível ao conhecimento. Se, portanto, a Natureza vivificadora transcende o conhecimento, aquilo que é compreendido pelo espírito não é, de maneira alguma, a Vida. Ora, aquilo que não é vida não está apto a comunicar a vida. Portanto, aquilo que ele deseja realiza-se para Moisés pelo próprio fato do seu desejo permanecer insaciado[44].

Por Deus ser infinito e todo conhecimento humano ser finito, não podemos, sem ilusão, identificar Deus àquilo que compreendemos; Ele está sempre além. O homem só é infinito no seu desejo, e manter o homem no infinito deste desejo o aproxima do Deus infinito. O conhecimento de Deus é progredir sem cessar em seu conhecimento. A fonte de Água viva tanto mata a sede quanto dá sede. Como em *Imensidão azul*[45], o mergulho em águas profundas chama profundezas ainda maiores rumo a este fundo sem fundo no qual o herói desaparece.

A epectase

O homem é um oco na opacidade da matéria, o pressentimento deste oco no homem chama-se desejo; mais precisamente, na linguagem de Gregório de Nissa, isso se chama "epectase". Este termo remete a um texto de são Paulo, frequentemente citado por Gregório:

> Não que já a tenha alcançado, ou que seja perfeito; mas prossigo para alcançar aquilo para o que fui

44. Ibid.
45. *Imensidão azul* (*Le Grand Bleu*, 1988), filme francês de Luc Besson, com Jean Marc Barr, Jean Reno e Rosanna Arquette, conta a história de dois campeões de mergulho [N.T.].

também preso por Cristo Jesus. Irmãos, quanto a mim, não julgo que o haja alcançado; mas uma coisa faço, e é que, esquecendo-me das coisas que atrás ficam, e avançando para as que estão diante de mim (*epecteinomenos*), prossigo para o alvo[46].

A imagem utilizada é a do corredor inteiramente voltado para o seu objetivo. Ela descreve a atitude interna do homem de desejo, sempre em "progresso" (*prokopé*). O progresso é superação perpétua, todos os aumentos da graça sendo pontos de partida para novas graças. O homem como Moisés jamais deve parar naquilo que já foi adquirido, mas ele deve sempre estar voltado (em *epectase*) para aquilo que está além.

Para Gregório, esta atitude constitui a própria perfeição; ela é, por essência, um progresso:

> Como diz o apóstolo, pela tensão (*epectaséos*) voltada para aquilo que está em frente, as coisas que antes pareciam perfeitas tombam no esquecimento. De fato, a realidade sempre maior e manifestando-se como um bem superior atrai a si as disposições daqueles que dela participam e lhe proíbe olhar para o passado, sacudindo lembranças de bens inferiores pelo gozo de bens mais eminentes[47].

Só nos libertamos de um amor através de um amor ainda maior. O único perigo na vida espiritual é parar ou acreditar ter chegado. A vida, então, congelará e o rio não seguirá mais seu curso.

Se o homem é um infinito em formação, a criação deve, para ele, tomar a forma de um crescimento, sem o que ela seria simplesmente finita, determinada, o que caracteriza o mundo

---

46. Fl 3,12.14.

47. Gregório de Nissa. *Vida de Moisés*. Op. cit.

material (e o homem quando ele se identifica à sua dimensão material).

A inscrição da graça no homem (ou seja, a gratuidade em um ser que conta, mede, calcula e para quem nada é gratuito), é a epectase enquanto capacidade que mantém o homem aberto àquilo que é maior do que ele, aberto ao Outro. Mais precisamente, e isso não acontece sem que haja consequências de um ponto de vista antropológico, a epectase é aquilo que torna o corpo aberto e sensível aos movimentos da alma, é o que torna a alma (a *psyché*) aberta e sensível aos movimentos do espírito (o *noùs*). Mas a epectase é ainda o que torna o espírito do homem (o *noùs* ou a fina ponta da *psyché*) aberta ao Espírito Santo, ou Pneuma, Luz e Sopro do Vivente.

> Se aqueles que conhecem o Bem aspiram dele participar, como este é infinito, necessariamente aquele que busca participar será coextensivo ao infinito e não conhecerá repouso. E, portanto, é completamente impossível alcançar a perfeição... a menos que a disposição que consiste em inclinar-se sempre em direção a um bem maior não seja a própria perfeição da natureza humana[48].

Se fosse necessário ainda dar uma explicação teológica a isto, nós a encontraríamos em um discípulo atonita de Gregório de Nissa que viveu alguns séculos mais tarde, Gregório Palamas, quando ele distingue em Deus a essência e a energia. A essência permanece desconhecida, inacessível, não participável; conhecemos Deus apenas nas suas energias, nos dons que Ele nos faz e pelos quais Ele se torna participável[49].

48. Ibid.

49. Sobre são Gregório Palamas, cf. As obras de Jean Meyendorff. Éditions du Seuil.

Assim, segundo Jean Daniélou:

> A luz e a treva, o repouso e o movimento, a sobriedade e a embriaguez são menos dois momentos sucessivos que dois aspectos complementares; um – luz, repouso – corresponde à realidade da participação, o outro corresponde à transcendência infinita da essência. O estado místico na sua realidade inefável é precisamente ser a síntese desses dois elementos aparentemente inconciliáveis [...] É isto que [Gregório de Nissa] descreveu pelo termo "epectase"... Esta palavra, pela sua própria composição, presta-se a expressar o duplo elemento. Ela é, por um lado, "possessão", *épi*: existe a compreensão real de alguma coisa e a interioridade de Deus na alma; por outro lado, *ek*: "saída" de si, irredutibilidade infinita de Deus à alma que sempre arranca a alma dela mesma no êxtase do amor. Dessa forma também ultrapassamos a oposição da *théoria* e do *agapé*. Pela inteligência Deus é interior à alma e ali permanece, mas pelo amor ela é jogada fora dele em direção a Ele. Assim "Deus vem na alma e a alma emigra em Deus". A "saída de si" e a "entrada em si" são os dois aspectos indiscerníveis de uma realidade única[50].

Se a epectase é incessantemente sem abertura e tensão voltada ao Outro jamais possuído, ela é também tranquilidade, postura firme do ser criado na sua relação com o Incriado, senão esta abertura poderia tornar-se dispersão, dissipação; aqui também a autenticidade da abertura se verifica através da qualidade do enraizamento.

> O que isso quer dizer? Que quanto mais alguém permanece fixado e inabalável na virtude, mais ele avan-

---

50. Jean Daniélou. *Platonisme et théologie mystique* (Platonismo e teologia mística). Aubier, 1944.

ça na via do bem. De fato, aquele que escorrega e que coxeia, na sua marcha interior, por não ter uma postura e uma base firme no bem, como poderia ele lançar-se ao cimo da virtude? Aqueles que sobem uma duna, é melhor que o façam a passos largos, é em vão que eles se esforçam, pois a areia, ao desmoronar, os carrega sempre para baixo: existe um movimento despendido, mas nenhum progresso no movimento. Se alguém, pelo contrário, segundo a palavra do salmista, retirou seus pés do fundo do abismo e os firmou sobre o Rochedo – o Rochedo, aqui, é o Cristo – sua corrida será mais rápida quanto, segundo o conselho de Paulo, ele estará mais firme e mais inabalável no bem. Sua estabilidade (*stasis*) é para ele como uma asa e, na sua viagem rumo às alturas, sua alma parece ser alada[51].

Assim, a qualidade do desejo é a sua base; sem este enraizamento o desejo não passa de vã tensão rumo a um vão futuro, ao tempo só podemos acrescentar mais tempo. Gregório está menos preocupado com o futuro do que com a eternidade, sua busca é abertura do tempo a uma eternidade (um não tempo) que o tempo não pode conter. O desejo não é aqui a expressão de uma carência no sentido privativo do termo, é a expressão de uma plenitude que não saberia se autossatisfazer com aquilo que ela possui. Eu sei o que eu sei, eu sei melhor tudo aquilo que eu ignoro. Eu estou inebriado menos dos álcoois que me foram dados do que do vinho doce que ainda não bebi...

Assim, existe para a psique uma postura, uma base, um sentar, que é participação ao Ser, e um movimento que é a separação sempre infinita daquilo que ela conhece deste Estado e

---

51. Gregório de Nissa. *Vida de Moisés*. Op. cit.

daquilo que este Ser é. Este afastamento é o espaço do seu desejo e da sua dança, enquanto que o dançarino permanece imóvel e centrado no coração do movimento.

> É a mais paradoxal de todas as coisas: que estabilidade (*stasis*) e movimento (*kinésis*) sejam a mesma coisa. De fato, normalmente aquele que avança não é detido, e aquele que é detido não avança.
>
> Aqui ele avança através do seu próprio sentar[52].

Gregório de Nissa, dando continuidade a Moisés, parece ilustrar aqui a resposta de Jesus aos seus discípulos:

> Se alguém vos interrogar:
> Qual é o sinal de vosso Pai que está em vós?
> Digam-lhe:
> É um movimento e é um repouso[53].

52. Ibid.
53. Jean-Yves Leloup. *O evangelho de Tomé. Logion* 50. Op. cit.

5

LECTIO DIVINA OU A MEDITAÇÃO COMO UMA ESCADA, PROPÍCIA AO SENTAR E AO CAMINHAR

A meditação, para Fílon de Alexandria e os terapeutas, de quem ele fez o elogio e cantou louvor, é uma escada que tem como ponto de apoio não apenas a contemplação da natureza, mas também as Escrituras. Aprender a decifrar as Escrituras e seus diferentes níveis de sentido e de interpretação é tornar-se capaz de decifrar o Real em suas diferentes manifestações, naturais, patológicas ou oníricas, pois, para Fílon, a chave das Escrituras é também a chave dos sonhos, já que uns e outros falam a linguagem do inconsciente e dos arquétipos.

O terapeuta é um hermeneuta: interpretar um sonho, um sintoma, uma escritura, um acontecimento, são facetas de uma mesma arte, a arte do discernimento e do reconhecimento da Imaginação criadora em obra nas diferentes linguagens e expressões. A Revelação é revelação da Imaginação criadora, particularmente em obra nos testemunhos dos santos, dos sábios e dos profetas que constituem as Escrituras. Estar atento à sua inspiração é, de uma certa maneira, participar do Sopro que os anima e descobrir-se melhor, esclarecido ou curado.

Após Fílon teremos vários intérpretes ou hermeneutas da Escritura. Todos insistirão, como Orígenes, sobre a necessidade de uma transformação da inteligência pelo Espírito (*Pneuma*) para compreendê-la em profundidade, pois, segundo o nível de inteligência de cada um, a Escritura diferencia suas respostas.

> À medida que, através da meditação das Escrituras, nosso espírito se renova, a força das Escrituras começa também a se renovar, e a beleza de um significado mais sagrado começa a crescer, por assim dizer, na medida do nosso progresso[54].

A tradição cristã medieval, dando prosseguimento à tradição dos Padres da Igreja[55], voltará frequentemente a esta abertura progressiva da inteligência na densidade do Sentido. Ela distinguirá quatro níveis de interpretação da Escritura: histórica, alegórica, tropológica ou moral e anagógica[56]. Assim, o evangelho de João pode ser lido como um relato histórico que nos narra a história de um homem chamado Jesus de Nazaré. Também podemos lê-lo como um relato simbólico no qual os atos e as

---

54. Cf. João Cassiano. *Collations*, 14, CII apresentadas por Jean-Yves Leloup. Albin Michel. Coleção "Spiritualités Chrétiennes", 1992.

55. Os chamados "Padres da Igreja" ou "Pais da Igreja" (em francês, "Pères de l'Église"; a palavra *père* pode ser traduzida por "pai" ou "padre") foram autores cristãos, frequentemente bispos ou pessoas com cargos de responsabilidade que, nos primeiros séculos da Igreja, por meio da sua prédica e seus escritos, influenciaram o desenvolvimento da doutrina cristã e contribuíram na formação dos cristãos da sua época e dos séculos seguintes. Foram influentes teólogos, professores e mestres que viveram entre os séculos II e VII. O estudo dos escritos dos Padres da Igreja é denominado Patrística. As Igrejas Ortodoxa, Romana, Anglicana e Presbiteriana acreditam que os Padres da Igreja proporcionam a interpretação correta da Sagrada Escritura, registraram a Sagrada Tradição e distinguiram entre as autênticas doutrinas das heresias [N.T.].

56. Relativo à anagogia: arrebatamento místico [N.T.].

palavras de Jesus devem ser consideradas, antes de tudo, pelo seu alcance teológico. Podemos lê-lo ainda como um ensinamento moral, os atos e as palavras do Cristo nos mostram e nos ensinam "aquilo que devemos fazer", a justa maneira de viver[57].

Esses níveis de interpretação não se excluem mutuamente, da mesma maneira como no Cristo não se excluem o corpo, a alma, o pensamento e a divindade.

Esse método dos "quatro sentidos" não deixa de nos lembrar as vias de interpretação do Midrash[58] naquilo que foi chamado de *pardès*[59].

> Partimos do texto que colocamos a nu para capturar o sentido que, acreditamos, está ao alcance da mão. Essa significação óbvia "encontra-se no texto". É o *pshat*: o sentido simples, literal, que o texto contém de maneira explícita. Basta despi-lo para compreendê-lo.
>
> É isto que sugere a etimologia da raiz *pshat*. Este sentido óbvio pode ser estendido, amplificado (*hitpashtoute*), alongado, sempre permanecendo no mesmo nível.
>
> Mas como o texto pode falar através de "palavras cobertas", como ele pode tanto mostrar quanto dissimular, há em seguida a alusão, a piscadela, o *remèze*. Através de uma espécie de piscar semafórico, o texto vai sugerir uma outra camada de sentido. Esta suges-

---

57. Cf. Henri de Lubac. *Exégèse médiévale* (*Exegese medieval*). Aubier, 4 vols.

58. Midrash quer dizer "extrair sentido". As casas de estudo e interpretação na tradição judaica tinham este nome. É um método de exegese hermenêutica e comparativa, dentre os quatro métodos reunidos sob o nome de Pardès. Midrash é uma maneira de interpretar histórias bíblicas além da simples destilação de ensinamentos religiosos, legais ou morais [N.T.].

59. Constituído das letras *pé-resh-dalet-samekh* que vão servir de iniciais às seguintes palavras: *pshat* (significação óbvia), *remèze* (significação alusiva), *drash* (significação "arrancada", buscada, solicitada) e *sod* (significação secreta).

tão pode nos afastar ou nos conduzir a uma significação secundária implícita, mas ela pode também reforçar a significação primária, fundamental.

Em seguida, vem o *drash*, raiz que deu origem à palavra *midrash*. É a intenção profunda do texto, solicitada a partir do contexto, com uma experiência pessoal, o sentimento do inexpressável, do transbordamento do conteúdo sobre aquilo que o contém. O próprio inexpressável é o *sod* – o segredo – que, o circuito estando fechado, deveria ser restituído no *pshat*[60].

Podemos também pensar nas quatro etapas da *lectio divina* entre os monges: leitura, meditação, contemplação, assimilação; ou ainda nas quatro *Existenzialen*[61] de Karl Barth, atitudes fundamentais para toda ocupação teológica: deslumbramento, emoção, comprometimento, fé. Esses quatro termos devem ser tomados em uma dialética ascendente, mas também descendente, pois "não aprendemos com Platão que a dialética ascendente é a mais fácil e que é no trajeto da dialética descendente que o verdadeiro filósofo se declara?"[62]

Vamos dar um exemplo desta ascensão e desta descida propondo um método de meditação que se inspira tanto em Fílon de Alexandria quanto nos monges cartuxos e na famosa "escada dos monges" de Guigues o Cartuxo[63]. É uma prática que pode

---

60. David Banon. *La lecture infinie* (*A leitura infinita*). Le Seuil, 1987.

61. Karl Barth. *Introduction à la théologie évangélique* (Introdução à teologia evangélica). Labor et Fides, 1962.

62. Paul Ricoeur. "La tâche de l'herméneutique" (A tarefa da hermenêutica"). In: *Du Texte à l'action* – Essais d'herméneutique (Do Texto à ação – Ensaios de hermenêutica II). Le Seuil, 1986.

63. Guigues o Cartuxo (1083-1136), prior da Ordem dos Cartuxos e escritor ascético [N.T.].

ser exercitada tão bem no sentar quanto no caminhar. Ela pode dar tanto a um quanto ao outro sua verticalidade e sua profundidade.

Os sete degraus ou sete etapas desta escada podem ser considerados como sete dons do Santo Espírito, dons do esforço ou da graça, dependendo se levarmos em consideração a via ascendente (*eros*) ou descendente (*ágape*), sendo que, evidentemente, tanto *eros* quanto *ágape* são considerados dons do Santo Espírito.

Lectio

Dar-se o tempo necessário para ler uma passagem da Escritura, uma simples linha, um capítulo ou até mesmo um nome ou uma palavra. Esta leitura era, na origem, um ato de todo o corpo e de todos os sentidos, pois o texto era lido em voz alta, salmodiado ou cantado e contagiava todo o corpo com o seu ritmo. Havia, como dizia Marcel Jousse[64], "mímica e deglutição"

---

64. Marcel Jousse (1886-1961), francês, ordenado padre em 1912, unindo-se à Companhia de Jesus em 1913. Foi o iniciador de uma antropologia do gesto, na qual estudou a relação do gesto com os mecanismos do conhecimento, da memória e da expressão. Os maiores eruditos da sua época o reconheceram como um pesquisador excepcionalmente talentoso [N.T.].

da Palavra. O prólogo de são João, por exemplo, através do seu ritmo e da sonoridade das letras, já revela muito do seu sentido quando este é salmodiado.

Trata-se, então, de tocar e manter livre, de abrir os olhos, saborear as palavras, ouvir as harmônicas do texto, respirar no ritmo onde é enunciado o Sopro que o inspira. De uma certa maneira, é bailar com a Palavra, como o faziam outrora e o fazem ainda hoje em dia os piedosos *hassidim* com a Torá.

Cogitatio

Não basta ler, é preciso ainda compreender aquilo que lemos: o sentido das palavras, seu contexto, sua história... é o trabalho da exegese propriamente dito. Mesmo sem ser especialista, eu creio que não devemos abrir mão desta *cogitatio*, esta necessidade de compreender que honra o ser humano, e isso não está em oposição à afetividade ou ao amor que supostamente devem colocar-nos no caminho do Sentido. Quanto mais eu amo, mais eu busco conhecer aquilo que eu conheço; quanto mais eu conheço, mais eu amo aquilo que eu conheço. O conhecimento e o amor unem-se para conduzir-nos à "verdadeira gnose" que é a união do conhecedor e do conhecido.

Alguns leitores, eruditos ou exegetas, podem parar neste degrau da escada: a compreensão exata das palavras, a estrutura do texto, seus diferentes extratos ou deslocamentos semânticos, sua beleza literária, suas ressonâncias filosóficas, isso lhes basta... Para aquele que medita ou para o peregrino, esta é apenas a segunda etapa do caminho.

Ruminatio

É um fato da experiência: uma palavra lida pela manhã que relembramos ao longo de todo o dia vai tomar um outro sentido à medida que a "ruminamos". Os Padres do Deserto não se indignavam diante daqueles que os consideravam ruminantes; assim como esses animais, era necessário que eles ruminassem longamente uma palavra antes de descobrir o seu suco e o seu sentido e que ela assim se tornasse verdadeiramente um alimento para a plenitude da sua vida e da sua saúde. Podemos nos lembrar deste jovem monge que um dia ouviu o seguinte salmo na sua igreja: "Senhor, coloca minha boca em guarda..." e, tendo saído sem escutar o término da frase, ele voltou dez anos mais tarde, dizendo: "Eu assimilei este primeiro versículo, minha boca de agora em diante está bem guardada, velo pelas minhas palavras [...] posso agora escutar a sequência do salmo".

A ruminação dos Antigos se tornará a rememoração ou a evocação incessante de uma passagem da Escritura entre os hesicastas. Esta rememoração se reduzirá ou se intensificará na simples invocação do Nome. Esta prática hesicasta será transmitida igualmente às tradições sufis, no Islã, sob o nome de *dhikr* (que quer dizer "rememoração"). Poderíamos igualmente citar o *Japa Yoga*, ou o *Nembutsu*[65] para nos lembrarmos da dimensão universal desta prática particularmente adaptada, segundo essas tradições, aos tempos atuais e à nossa condição de peregrinos sobre a Terra.

Meditatio

Normalmente, a *ruminatio* deveria nos conduzir a um estado de *meditatio*, "meditação", tomado aqui no sentido de uma intuição profunda da realidade evocada, ou invocada, pelo texto ou o nome com o qual nós escolhemos caminhar.

---

65. Cf. Jean-Yves Leloup. *Escritos sobre o hesicasmo*. Editora Vozes, cap. VII.

Esta intuição é mais do que a compreensão analítica da *cogitatio*. É o exercício de uma faculdade ou de uma função humana sobre o uso dos sentidos (*lectio*), da razão (*cogitatio*) e da memória (*ruminatio*), mas que a ultrapassa.

Existe um momento de participação, fugaz sem dúvida, com a Realidade que nós buscamos conhecer e que começa a se revelar a nós. Alguns falarão de uma "intuição do Ser", de um "instante soberano", de um momento de desvelamento ou de presença real daquilo que nós consideramos como infinitamente desejável.

Esta meditação pode se aprofundar, permanecer como uma música ou um silêncio de fundo que nos acompanha durante todo o tempo do nosso sentar ou do nosso caminhar.

Oratio

"Qual é a diferença entre a meditação e a oração? Entre a *meditatio* e a *oratio*?" Essa questão é frequentemente colocada e eu responderia da seguinte maneira: "A oração é uma meditação que possui um coração". Além da intuição do Ser, que é uma relação intelectual ou noética com o Real soberano, há uma relação afetiva com esta mesma realidade. Eis que, de repente, esta Realidade é como se fosse "alguém". Nada mudou, mas não é mais uma realidade apenas objetiva, que me aparece, uma realidade compreendida pela razão, a memória ou a intuição, é uma realidade "presencial", uma epifania do Ser, que se dá à minha afetividade profunda, "coração" da minha humanidade.

Não é apenas a presença magnífica de uma clara e vasta luz que me envolve, esta luz é habitada pela ternura e a compaixão. A experiência e a consciência de ser, e de ser amado, fazem apenas um e posso responder a esta experiência através do louvor e da gratidão. O sentar e o caminhar entram, assim, em um "outro clima".

Contemplatio

Este outro clima é o do templo. De fato, con-templar, é "entrar no templo". Não estou mais fora daquilo que eu amorosamente intuo, estou dentro. "Não dizeis mais "Deus está no meu coração", mas "Eu estou no coração de Deus". O Real soberano não é uma realidade externa; pelo contrário, eu vivo, eu respiro, eu amo e eu conheço no próprio interior desta Realidade. Não tenho mais nada a conter, estou inteiramente contido. A Vida não é algo que eu poderia ter (e, portanto, deixar de ter), eu sou a Vida. A entrada no templo ou em um estado de contemplação, é esta passagem da vida que temos à Vida que somos, da consciência que temos à Consciência que somos, da liberdade que temos à Liberdade que somos, do amor que temos ao Amor que somos.

É preciso ir mais longe?

É passar do Deus que temos ao Deus que somos, ou seja, sair da religião que temos para nos tornarmos o religioso que somos, a pura "relação" (*religio*) que permanece entre tudo aquilo que existe. A inter-relação que permite que tudo aquilo que existe, exista.

Unio

A contemplação deveria nos conduzir a este estado além de todo estado, esta experiência além de toda experiência que podemos chamar de união ou unidade – os crentes preferirão a palavra "união", os gnósticos, a palavra "unidade".

Aqui não existem mais crentes ou gnósticos para falar da homogeneidade ou heterogeneidade do Ser, há apenas claro silêncio, calma e compaixão, infinita liberdade, mas estas são ainda apenas palavras. Uma palavra é o infinito – onde começa Deus e onde termina o homem neste infinito? Início e fim são palavras que indicam finitude. Do outro lado (mas justamente, não há um outro lado), é o Silêncio, e todos os sons, todos os gritos, todos os soluços, todas as alegrias, todas as músicas, estão n'Ele. Não há nada fora do Todo, não há mais nem dentro nem fora...

Nós evocamos esses diferentes degraus da escada meditativa como etapas ascendentes, abertas e amorosas, por um desejo (*eros*) de participação e de unidade com o Real soberano.

Alguns se reconhecerão mais em um caminho que parte do alto, de uma descida da graça ou do Espírito Santo onde reconheceremos o processo daquilo que chamamos o "mistério da Encarnação" na própria pessoa de Yeshua de Nazaré, mas também em todos aqueles que, seguindo Seu exemplo, aceitam ser chamados de "filhos de Deus" já que, como nos diz são Paulo, "Ele é o mais velho de uma multidão de irmãos".

Partir da nossa condição divina ou da experiência de unidade (*unio*) pode se revelar a nós em um momento onde não esperávamos por isso, é por esta razão que esta experiência nos aparece como uma graça, mas também no fato de que ela não pode ser antecipada, concebida previamente (o finito não pode conceber o infinito) para descer em seguida no templo da manifestação. Após esta experiência podemos permanecer, de fato, um longo momento, e até mesmo para sempre, neste estado contemplativo, neste sentir de uma Presença soberana: "Ele em mim, eu n'Ele" (*contemplatio*). Este presente, ou esta presença, ilumina e aquece o coração (*oratio*), ela responde à nossa intuição mais profunda (*meditatio*), ela permanece incessantemente na nossa memória (*ruminatio*) e nos torna inteligentes – *intelligere*, "ler do lado de dentro" – (*cogitatio*), capazes de ler com todos nossos sentidos o livro das Escrituras, o livro da natureza e todos os ecos do grande livro da Vida (*lectio*); como se houvesse no Real um desejo de ser conhecido (um princípio antrópico), um desejo de ser lido. Dizer que o *Logos* se fez carne, é dizer que o Espírito se encarnou na letra, Ele se fez leitura para que nós nos tornássemos leitores.

Sentados ou caminhando, tudo pode tornar-se *lectio divina*.

≈ 6 ≈

A ESCADA DO NOME

Dentro da tradição cristã ortodoxa o Nome de Yeshua, quer seja no sentar ou no caminhar, é aquilo que dá sentido e verticalidade à morada e ao caminho. O Nome de Yeshua é a escada que aquele que medita e o peregrino devem percorrer para unir em si a terra e o céu, a matéria e o espírito, o mundo e o Reino, o humano e o divino. O próprio Yeshua é a escada, o *Anthropos*, o Arquétipo da Síntese, "a plenitude (*pleroma*) d'Aquele que preenche tudo em todos".

Para o cristão ortodoxo existe apenas uma única dor, um único temor: o de estar separado d'Ele. Isso é, evidentemente, impossível, já que o Todo (*pleroma*) está sempre aqui, mas podemos perder consciência disto (pelo esquecimento, a negligência, a recusa, o desespero...), podemos deixar de nos sentir na Sua Presença, estar fora do espaço-templo, estrangeiros e exilados sobre a terra. A esta "perversão" do mental ou do mentiroso que nos faz acreditar que nós estamos fora do *Anthropos*, fora do Todo, separados do Real soberano, que tem aqui o semblante de Yeshua, trata-se de opormos a "conversão" que, através de uma anamnese incessante, nos conduz de volta ao Real, nos lembra que Ele está aqui, que Ele jamais nos abandona, que o seu amor, sua vida, sua consciência, são os próprios fundamentos da nossa existência: "sem Ele, nada".

Donde a importância de rememorarmos Seu Nome, "todo o tempo, em todo lugar". Negar a realidade arquetípica do Cristo em todo homem é ter falta de humanidade e falta de divindade, não mantemos mais unidos os dois extremos da escada, não fazemos mais do Todo (no Arquétipo da Síntese) a nossa morada. A descoberta e a realização do Arquétipo da Síntese é o objetivo do sentar e do caminhar, é subir e descer a escada da meditação.

Lectio

Antes de tudo, ler o Nome: "Jesus" é a tradução grega do hebraico Yeshua. Tendo em vista que se trata de um nome próprio, sem dúvida é preferível não traduzi-lo, pois traduzi-lo seria também privá-lo de todas as ressonâncias que este nome pode ter na língua hebraica. Encontramos nas letras que o constituem um eco do nome impronunciável YHWH (*yod-he-vav--he*), "o Ser que é o que Ele é", "Aquele que era, que é e que virá". O Apocalipse de João reconhecerá em Yeshua um dos Nomes do Inefável. Yeshua é o "Nome do sem-Nome", assim como Ele é o "visível do Invisível", o palpável do intangível, o rosto do sem-rosto, a manifestação ou a encarnação do Ser incriado. A simples leitura do Nome de Yeshua já poderia nos levar longe nas profundezas do "Nome além de todos os nomes".

Yeshua significa literalmente "YHWH salva". "Eu sou" é cura, salvação, libertação (sentido da palavra *soteria* em grego), Ele nos faz respirar ao largo (sentido da palavra "salvação", em hebraico *iesha*). Invocar o nome de Yeshua é respirar infinitamente, é invocar e reconhecer a presença de "Eu sou" e do seu Sopro em nós. Essa Presença nos salva, nos cura, nos liberta; nosso inspirar vem do infinito, nosso expirar volta ao infinito, entre esses dois infinitos, nós estamos em nosso lugar. O Nome de Yeshua é mais do que uma variante do Tetragrama, é seu desdobramento, a revelação de que o fundo do Ser é Dom, YHWH é Yeshua, Salvação para aqueles que o invocarem.

"'Eu sou' me enviou a vós", já dizia Moisés. "Eu sou", desta vez, está "entre nós", "dentro de nós", Ele é "Emmanuel" (Deus conosco), Ele é Yeshua, Sopro infinito do sempre Vivente.

Saber que nosso corpo e o corpo do universo são apenas um sopro no seu Sopro deveria tornar-nos mais leves.

Cogitatio

Quando conhecemos o nome de alguém temos, sem dúvida, vontade de saber quem é esta pessoa. A propósito de Yeshua, a pesquisa é infinita, não faltam estudos históricos ou exegeses dos evangelhos destinados a nos transmitir suas palavras. Resumindo todos estes estudos, portanto, de uma maneira bastante incompleta, eu reconheceria pelo menos uma dúzia de facetas deste "Homem incomparável", doze facetas que não compõem o diamante na sua inteireza, mas que são um dos seus brilhos.

Segundo o testemunho dos evangelhos, trata-se:

• De um ser humano de quem nos são dados poucos detalhes sobre o seu físico, mas "ninguém jamais falou como este homem", disse um centurião romano. Podemos observar que é um "homem livre" que não aceita as etiquetas e os rótulos colados às pessoas, Ele frequenta as prostitutas, os amigos do dinheiro (publicanos), assim como os fariseus com quem Ele frequentemente conversa; é um judeu que pratica sua religião, que participa dos ofícios da sinagoga e que, com seus pais, parte em peregrinação a Jerusalém.

• É um mestre e senhor, ou seja, um rabino. Seus discípulos o chamam de *rabbi*, Miriam de Magdala o chama de *rabbuni*, o que supõe uma intimidade mais profunda com alguns dos seus discípulos. O fato de ter tido discípulos mulheres era chocante para a sua época. Sua interpretação da Torá era ao mesmo tempo tradicional e nova, o que frequentemente conduziu a polêmicas.

• Este mestre e senhor era também um profeta que anunciou a destruição do Templo e, como todos os profetas, convidou à conversão, à volta a YHWH, à sua Presença no Sopro (*pneuma*) de "Eu sou".

• Este profeta era também um taumaturgo, um curador. É por esta razão que a maior parte das pessoas o seguia: para serem curadas física ou psiquicamente. Excepcional terapeuta, ele era capaz de reanimar os mortos (como Lázaro) e de restabelecer a informação perdida em um organismo doente.

• Este homem, rabino, profeta, terapeuta, era também um sábio. Ele não se contentava em falar e fazer: Ele era. À diferença dos fariseus, Ele era, Ele fazia o que dizia, Ele encarnava a Torá e sua simples presença ou o seu silêncio, não deixavam de afetar aqueles que o cercavam.

• Para alguns, sempre segundo os testemunhos dos evangelhos, este homem era mais do que um sábio e do que um profeta, Ele era aquele sobre quem falavam os sábios e os profetas. Yeshua era o *Messiah* aguardado por todo Israel, aquele que cumpria na sua carne e no seu comportamento a Torá de Moisés e os ensinamentos dos sábios e dos profetas.

• Para outros ainda, particularmente para João, o evangelista, Ele era o *Logos* encarnado, o próprio YHWH em um corpo humano. A Imaginação ou a Informação criadora que João via trabalhar em sua natureza, ele a via trabalhar também nas palavras e nos gestos do seu mestre e amigo.

• Sobre essas bases "evangélicas" (e deveríamos, é claro, citar muitas mais), diversas teologias serão elaboradas, insistindo sobre esta ou aquela das inumeráveis facetas do puro diamante. Ele também será comparado às diferentes manifestações ou encarnações do Ser ou do Real soberano das diferentes tradições espirituais da humanidade. Alguns reconhecerão em Yeshua o Arquétipo da Síntese, Aquele que reúne em Si aquilo que a Imaginação criadora pode produzir de mais humano e de mais divino ao longo do tempo. "Arquétipo" igualmente no sentido no qual Yeshua não seria apenas um ser histórico, "exterior", mas a estrutura interna de todo ser humano em seu vir-a-ser – o *Anthropos*, "realmente Deus e realmente homem, sem confusão, sem separação"; realização ou recapitulação (*apocatastasis*) de tudo aquilo que vive e respira.

O estudo, a *cogitatio*, é sem fim. É fácil compreender que este segundo degrau da escada possa ocupar toda uma vida e que deste estudo seja feita uma profissão, mas, novamente, para o peregrino e para aquele que medita, esta é apenas uma etapa no caminho. Yeshua será sempre mais do que aquilo que d'Ele podemos saber ou compreender. Ele permanecerá sempre desconhecido para aqueles que melhor O conhecem, Ele será sempre uma terra firme, mas também uma vertigem para aqueles que possuem alguma intimidade com Ele.

Ruminatio

A ruminação, ou rememoração do Nome de Yeshua, conduz de fato a um outro modo de relação com Ele, não é mais apenas uma pesquisa intelectual, mas a busca de uma intimidade. "À noite, eu repito o teu Nome", já dizia o salmista; o nome de uma pessoa é um pouco o seu perfume e a sua presença que se tornam sensíveis. Qualquer que seja o afastamento ou a noite, "eu repito o teu Nome" e estou menos sozinho ou, pelo contrário, eu repito o teu Nome e me descubro longe de Ti em um insuportável exílio: "Onde estás Tu, ó minha Luz?"

O Nome é por vezes um canto, por vezes um grito, por vezes um reconhecimento, por vezes um chamado. A invocação do Nome vai envolver-se de todos os climas emotivos ou psíquicos daquele que invoca.

Na prática do hesicasmo, o Nome vai se harmonizar com o Sopro, *Yesh*... ao inspirar,... *shoua* ao expirar (é o mesmo ritmo que o *Yah*... ao inspirar,... *hou* ao expirar, do Tetragrama).

Assim, a rememoração do Nome nos faz voltar à Consciência do Sopro que o carrega na presença de "Eu sou" que respira em nós, em tudo, em todos.

Meditatio

Entramos agora na meditação propriamente dita, nesta intuição do Ser sempre e em todo lugar presente. O Sopro do seu Nome é o fio que mantém todas as coisas unidas; não é um conhecimento teórico, é uma experiência que se aprofunda. Heráclito falava do *Logos* que era o "lugar que religa todas as coisas", outros filósofos e cientistas do Oriente e do Ocidente insistiram sobre esta "inter-relação" ou "interconexão" que seria a própria Realidade. Para aquele que medita e respira o Nome de Yeshua, isto tem o sabor de uma evidência.

Oratio

Este sabor pode tomar uma conotação afetiva: Yeshua, o *Logos*, que podemos intuir, pode se revelar como o Bem-Amado. O importante, então, é amar e ser amado, Yeshua torna-se o amor da nossa vida, um amor que nos liberta de todos nossos amores ou nos torna capazes de vivê-los na sua justa medida, sem idolatria e sem desprezo. Não é o transbordamento emotivo ou sentimental, projeção sobre um ser ideal, do Amor com o qual sonhamos ou que nos falta, é, antes, a descoberta de um amor infinito – todos nossos amores são uma participação e um reflexo deste amor infinito.

Após a abertura da inteligência, é a abertura do coração, o acesso a uma nova visão ou profundeza do Real. "Eu sou" não é apenas Aquele que é, Ele é Aquele que ama, seu próprio Ser é amar. "Deus é Ágape", dizia são João.

Yeshua é a revelação de que este amor não é um sonho, Ele encarnou-se, Ele foi e Ele continua sendo recusado, crucificado, condenado à morte, mas nem por isso Ele está menos vivo, Ele continua a ressuscitar incessantemente no coração daqueles que O acolherem e n'Ele confiarem.

"Morte, onde está tua vitória?"

No Nome de Yeshua é a "força invencível do humilde Amor" que, no momento da *oratio*, começa a nos aparecer, ela alarga o "espaço da nossa tenda", o coração se faz "janela"...

Contemplatio

"Não sou mais eu quem vivo, é o Cristo (Yeshua, o *Messiah*), quem vive em mim", dizia Paulo de Tarso. É o seu Sopro que de agora em diante nos anima. Yeshua não é mais um sujeito de estudo, Ele não está apenas na minha memória intuitiva ou afetiva, Ele é a Vida da minha vida, o Sangue do meu sangue, o Sopro do meu sopro, a Consciência da minha consciência, o Amor do meu amor, o Ser do meu ser, o "Eu sou" que eu sou.

Nicolau Cabasillas falava da vida em Cristo (estimulada e alimentada pelos sacramentos). Trata-se realmente da *contemplatio*, de estar dentro do templo e o templo é a própria Presença de Yeshua, para onde quer que vamos, o que quer que façamos.

Deixá-l'O ser, deixá-l'O amar torna-se então nosso grande exercício, nossa única disciplina; todas nossas palavras, todos nossos atos, ancoram suas raízes n'Ele. Yeshua não é mais um modelo a ser imitado a partir do exterior, ele é uma fonte de Vida que devemos deixar viver e jorrar do interior.

Unio

Até onde pode nos conduzir a meditação do Nome de Yeshua? Podemos ir mais longe do que esta contemplação que acabamos de evocar? "Ali onde está "Eu sou", eu quero que vocês também estejam", diz Yeshua no evangelho de João.

"Onde moras?", perguntam os discípulos às margens do lago da Galileia. Qual é a morada de "Eu sou"? É para lá que nos conduz o Nome de Yeshua: ao coração do Ser que é relação.

"'Eu sou' está no Pai e o Pai está em mim."

"Assim como o Pai me amou, eu também vos amei."

"Permanecei e habitai no meu amor."

"Assim como o Pai habita em mim, eu também habito em vós..."

Estranhas palavras relatadas por João, o teólogo; continua sendo difícil, senão impossível, compreender e capturar toda a amplidão simbólica e ontológica dessas palavras. Pois trata-se, realmente, de uma revolução na história da filosofia e das religiões. O Ser, o Um, revela-se não como substância indivisível, mas como relação. Um "Eu sou que é", um "Eu sou que ama" não poderia subsistir se não houvesse um outro a ser amado.

O abismo do silêncio ao qual Yeshua nos conduz – "Eu sou" – é um abismo de comunhão.

Assim como o Três da Trindade não é um número (uma quantidade), a palavra "relação" aqui, neste nível de ser e de consciência, tem um sentido todo outro do que aquele que lhe damos habitualmente. Quando dizemos que a união à qual nos conduz a meditação do Nome de Yeshua é uma relação indescritível, a "vida trinitária", dizem os teólogos (como se eles soubessem de qual tipo de vida se trata), significa apenas que não se trata de uma dissolução no Um, de um desaparecimento no Único, de um aniquilamento no Ser.

Do que se trata?

"Devemos nos calar sobre aquilo do qual não podemos falar", escreveu o filósofo Ludwig Wittgenstein. Por que, então, nós continuamos procurando dizê-lo? Seriam os teólogos e os místicos menos sábios a este respeito que os filósofos? Se nosso sentar for realmente silencioso, deixemos ao menos ao mais elevado e ao mais baixo da escada seu silêncio, aquele de onde vem o Nome e para onde volta o Nome – este espaço de onde vem o Sopro e para onde volta o Sopro...

7

MESTRE ECKHART, UM ITINERÁRIO DE LIBERTAÇÃO INTERIOR

Jean Klein pediu-me um texto sobre Mestre Eckhart para ser publicado na sua revista *Être* (*Ser*). Pouco tempo depois da sua publicação eu recebi uma carta que me tocou bastante. Ela vinha de um homem visivelmente instruído e de idade madura: "Senhor, eu acabei de vender a minha biblioteca, ela era imensa, eu guardei apenas essas poucas páginas que o senhor escreveu sobre Mestre Eckhart. Isso me será o bastante para o resto dos meus dias, eu espero chegar a esta liberdade à qual Mestre Eckhart nos convida..."

Eis aqui essas poucas páginas:

Um mestre autêntico jamais deixará que seus discípulos apeguem-se à sua própria pessoa, ele os conduzirá, antes, a esta liberdade essencial que cada um carrega em si, rumo a este centro interno de onde brotam, cada vez mais espontaneamente, a palavra, o silêncio, o ato justo.

Mestre Eckhart dirige-se às pessoas suficientemente comprometidas na via espiritual para que não haja mais necessidade de lembrar-lhes as regras elementares da ética, da oração e da ascese; ele lhes propõe um itinerário de libertação interior: deixar viver, viver sem porquê, realizar o vazio, ser Filho. Tais são as etapas principais deste itinerário.

O apego, quer seja às coisas, às pessoas, às ideias ou às representações, este é, para Mestre Eckhart, o primeiro obstáculo no caminho rumo à nossa liberdade essencial; até mesmo o apego à nossa salvação e à nossa realização, tão necessários nos primeiros momentos de vida espiritual, podem tornar-se um entrave.

> Nosso Senhor diz: "Quem quer que deixe algo por mim e em meu nome, eu lhe darei o cêntuplo e lhe darei ainda a vida eterna" (Mt 19,29).

> Mas se deixares tudo isto para receberes o cêntuplo e a vida eterna, nada deixastes; e mesmo se deixasses por uma recompensa mil vezes maior, tu não terias nada deixado. Tu deves deixar-te a ti mesmo totalmente, apenas então tu te terás deixado em verdade. Um dia um homem veio ao meu encontro e me disse que ele tinha abandonado grandes bens, terras e riquezas, para guardar a sua alma. Ah! Disse a mim mesmo, então deixastes poucas coisas! Ficastes todo este tempo também na cegueira e na loucura se ainda consideras este pouco que tu deixastes. Se te deixastes a ti mesmo, então apenas aí tu te deixastes em verdade; o homem que se deixou a si mesmo está tão liberto de tudo que o mundo não consegue fazê-lo sofrer. Quanto mais ele está próximo da justiça, tanto mais ele está próximo da liberdade. Ele é esta própria liberdade[66].

Em uma palavra, deixa-te a ti mesmo e serás livre. "A graça é esquecer-se", dizia Bernanos.

66. Mestre Eckhart. "Je vous ai choisis du monde" ("Eu vos escolhi no mundo"). In: *Sermões*. Tradução de Jeanne Ancelet-Hustache. Le Seuil. Coleção "Points", 2003.

Aquele que deixou a si mesmo não tem mais em si um lugar que o apegue às coisas e este desprendimento total revela-se como a própria condição para que o mundo, as coisas, as pessoas, nos apareçam tais quais elas são, no seu "desdobramento essencial", segundo a expressão de Heidegger.

Mestre Eckhart nos convida a nos movermos de maneira diferente no meio daqueles que nos cercam, sem vontade de poder ou de posse: sem ego. Entregar-se, deixar ser aquilo que é, tal qual isto é, não é uma atitude passiva ou indiferente no sentido ordinário das palavras, é recusar fazer de todas as coisas um "ter", um objeto. É restituir o mundo à sua essencial liberdade e abrir-nos à possibilidade de "estar com", sem querer dominar o mundo, sem possuí-lo. O olhar livre dos desejos e de interpretações torna-se vidente; ele percebe os seres em sua identidade suprema e passageira. Deixar o outro ser o outro, não mais fatigá-lo com desejos ou conselhos, mas escutar a união e a diferença.

Deixar ser o pássaro: não mais tomar o seu voo.

Deixar ser a rosa: vê-la com os olhos do orvalho.

Viver sem porquê

Da mesma maneira como existe em nós um desejo de possuir, uma busca legítima pela segurança física, há também uma vontade de sentido, uma necessidade de explicar o mundo, de saber de onde viemos, onde estamos, para onde vamos, busca igualmente legítima pela segurança psíquica e intelectual. Eckhart, mestre em teologia, frequentemente respondeu de maneira positiva e confiante aos seus estudantes, mas acontecia de dizer aos mais interessados ou àqueles que estavam suficientemente preparados para compreendê-lo: "O universo é sem porquê".

Quando não conhecemos porquês, o Filho é engendrado em nós[67].

Três séculos mais tarde, Angelus Silesius retomará o mesmo tema em seu *Peregrino querubínico*, compêndio de aforismos no qual ele se faz, por assim dizer, o versificador da doutrina de Eckhart:

A rosa é sem porquê, ela floresce porque ela floresce.

Em alguns momentos da nossa existência, as boas razões que nós nos damos para vivermos juntos desmoronam. Aceitar aquilo que não faz sentido, o absurdo de certas situações ou da condição humana em geral, é entrar em um sentido mais elevado, inacessível à nossa lógica ordinária, é estar livre da necessidade de justificar a existência através de uma ideologia qualquer, não importando quão generosa ela seja. Nossas razões de viver são apenas razões que se originam nas aventuras e desventuras do ego.

Viver sem porquê nos conduz a um outro fundamento: o mundo poderia não existir, ele inteiro depende de um ato de liberdade essencial cujo mistério nunca ninguém jamais descobriu.

Viver sem porquê é fazer apenas um com a própria existência, percebida na sua fonte. É unir-se à Inteligência criadora que informa as realidades psicofísicas e faz com que elas sejam aquilo que elas são. Nossas explicações ou nossas representações correm sempre o risco de querer substituir o Real. Viver no sem porquê faz com que nós o percebamos naquilo que ele possui de inefável; é praticar a douta ignorância, o "Eu sei que nada sei" de

---

67. Mestre Eckhart. "Heureux ceux qui ont faim et soif de justice" ("Felizes daqueles que têm fome e sede de justiça"). Ibid.

Sócrates; é estar livre com relação aos esquemas e às memórias nos quais o mental escurece e enclausura o mundo.
É viver surpreso e "aceitar este assombro como residência".

Realizar o vazio

Quando não estamos mais apegados a nada, quando não buscamos mais o sentido das coisas ou dos acontecimentos do mundo, aquilo que nos cerca e aquilo que nos acontece parecem perder toda consistência, como se a subsistência dos seres dependesse da intensidade das nossas tensões afetivas e racionais.

Desta maneira, deixar ser e viver sem porquê nos conduz à realização do vazio:

> Todas as criaturas são um puro nada, eu não digo que elas são pequenas ou que elas são alguma coisa, elas são um puro nada[68].

Aqui Eckhart é fiel ao ensinamento do prólogo de são João: todas as coisas existem no *Logos* e sem o *Logos* nada existe; as criaturas só possuem existência independente de maneira subjetiva. Quando esta subjetividade é purificada pelo desapego e o não agir mental, resta apenas a evidência, a objetividade fulgurante do nosso nada. O homem capaz de suportar este relâmpago está livre da ilusão e do desejo de viver, ele toca em si "alguma coisa" que está além do espaço e do tempo. O além da morte é sua morada. Aceitar o seu nada é, de fato, unir-se à Fonte incriada que torna possível toda manifestação.

> Há "alguma coisa" na alma que é incriada e incriável. Se toda a alma inteira fosse assim, ela seria incriada e incriável[69].

68. Mestre Eckhart. *"Tout don est excelente"* ("Todo dom é excelente"). Ibid.
69. Sermão XIII. Ibid.

Quando este "fundo" é tocado, não é mais possível falar de Deus da mesma maneira, não é mais possível idolatrá-l'O sob forma de conceito ou de presença maleável ao sabor dos caprichos humanos; Ele é esta "Deidade" mencionada por Eckhart e apenas os termos negativos conseguem caracterizá-l'O.

Nenhuma das nossas analogias emprestadas ao espaço e ao tempo são convenientes quando trata-se de falar de Deus. Ele é o Imutável, o Impensável; melhor dizer que "Ele não existe", que Ele é um "puro Nada" ao invés de fechá-l'O em conceitos; o espírito entra, então, em uma vacância essencial além de toda representação, ele une-se ao Desconhecido que o habita e o aprofunda até chegar aos abismos.

Esta experiência do vazio, apesar de dolorosa para o ser criado, não é uma experiência patológica, uma incapacidade de viver, é a própria condição para que se realize um novo nascimento: a vida do Incriado em nós.

Ser filho

> Eu já o disse frequentemente, ele é um poder na alma que não toca nem o tempo nem a carne; ele emana do espírito e permanece no espírito e é totalmente espiritual. Neste poder, Deus verdeja e floresce totalmente, em toda alegria e toda honra que ele é em si mesmo; ali reinam uma alegria soberana e uma alegria tão incompreensivelmente grandes que nada nem ninguém saberia dela falar de maneira plena. Pois neste poder "o Pai eterno engendra sem descanso seu Filho eterno"[70].

70. Mestre Eckhart. "Jésus entra" ("Jesus entrou"). Ibid.

Deixar ser, viver sem porquê, realizar o vazio, paradoxalmente, isto nos conduz a ser filho, pois é neste vazio que o Pai engendra Aquele que é Amor, Liberdade essencial.

Acreditávamos que o itinerário eckhartiano nos conduziria para fora do cristianismo; pelo contrário, ele para lá nos leva naquilo que ele possui de mais universal. A vida cristã não é nada além da Vida do Filho em nós; Luz e Vida que iluminam todo homem que vem ao mundo. Deus não pode deixar de encarnar-se no vazio que acaba de se abrir ou de se oferecer diante d'Ele; o homem entra, então, no agora do Inefável. Ele está totalmente presente, ele é totalmente livre.

> Vede! Este homem permanece em uma única e mesma luz com Deus: é por esta razão que não há nele nem sofrimento nem sucessão, mas uma igual eternidade. Em verdade, a este homem toda surpresa é tirada e todas as coisas mantêm-se essencialmente nele. É por esta razão que ele não recebe nenhuma das coisas por vir nem nenhum acaso; ele permanece em um agora que, o tempo todo e sem pausa, é novo[71].

"Ele passa no mundo fazendo o bem."

71. Ibid.

8

ANJO, **NOÙS**, SINDÉRESE: NOSSA ESTRELA

"Meu anjo caminhará diante de ti"[72]. Qual é este anjo, esta estrela que guia nossos passos?

O evangelho de Maria[73] e os teólogos do século I o chamavam de *noùs*; os da Idade Média, a "sindérese". Trata-se desta Luz incriada, além das faculdades ordinárias de análise e de cognição, que realiza em nós o vínculo entre o Real soberano e as realidades quotidianas, uma "nobre claridade". A beguina e mística Hadewijch d'Anvers, no século XIII, a evoca de maneira admirável:

> Uma nobre claridade brilha suavemente em nós; ela quer ser acolhida no lazer fiel, a pura centelha, a estrela, vida da vida da nossa alma que permanece unida à Fonte divina onde Deus faz brilhar sua luz eterna.
>
> Revelação ao mais secreto de nós mesmos que nem razão nem sentido podem compreender senão no amor um: aqueles que a recebem sobrenaturalmente são transformados, da centelha íntima em um simples conhecimento divino[74].

72. Ex 23,23.
73. Jean-Yves Leloup. *L'Évangile de Marie* (O evangelho de Maria). Op. cit.
74. Hadewijch d'Anvers. *Poèmes des Béguines*. Tradução de J.-B. Porion. Le Seuil, 1954.

Esta estrela, esta centelha, seria uma faculdade perdida? Um modo de conhecimento que nos permitiria ter acesso à Fonte de toda luz? A Luz que nos faria ver a luz?

> Se tivéssemos vindo a esta claridade diante da sua força, livres e libertos de todos os modos, de todas as coisas passíveis de serem aprendidas, contadas ou compostas no seio do abismo sem fundo, nós veríamos a luz na sua luz.

Mestre Eckhart desenvolverá este tema da "intelecção" que conhece "aquilo que é" por identificação efetiva "àquilo que é"; esta identificação só é possível por haver identidade de essência entre o Ser e a intuição. Esta conhece "aquilo que é" porque ela é "aquilo que conhece" (ela própria é o "sujeito" do conhecimento).

Esta intelecção não pode ser adquirida, ela se dá ao ser humano quando este está em "grande vacância", sem expectativa, sem intenção, sem conceitos, imagens ou representações, puro deserto.

> Nós seríamos curados de toda enfermidade se fôssemos elevados e recolhidos, unidos e desprendidos, pois na centelha superior, onde recebemos a claridade divina, não há jamais separação de Deus, nem intermediário algum[75].

Qualquer que seja o nome que lhe dermos, "Buda", *noùs*, "sindérese", "estrela", "centelha", "anjo"..., trata-se de reencontrar o "órgão da consciência do Todo", "aquilo que, sendo conhecido, faz com que tudo seja conhecido", "aquilo que não perece quando tudo pereceu", mas este "órgão" permanece "incriado e incriável".

> Se buscais a luz fora, em partes,
> vós deveis estar em grande erro,

---

75. Mestre Eckhart. *Sermões*. Op. cit. Sermão XVIII.

pois ela está inteira em vós e vos liberta totalmente.
Se quiserdes vos tornar mestre
nesta filosofia, não vos afirmeis:
deixai todas as coisas convosco.
Ah, Deus, que nobreza
esta livre vacuidade,
onde o amor abandona amorosamente todo o resto,
e nada busca fora de si mesmo
já que na sua pura Unidade
ele encerra a eternidade bem-aventurada[76].

Reconhecemos neste poema de Hadewijch um eco do "Vá!" evangélico. Ela precisa:

> Vá! Vazio! Vertical, a estrela, o anjo, a luz por guia [...] desta luz vem a luz que tu te tornarás [...][77].

A estrela é o sinal de uma real experiência, de uma participação a um modo de conhecimento suprarracional, que ilumina nossos passos, os guia, os precede... Seria a estrela uma interiorização do anjo?

76. Hadewijch d'Anvers. *Poèmes des Béguines*. Op. cit.
77. Ibid.

Parte III
A peregrinação

Todo andarilho tem necessidade de uma estrela para guiar o seu caminho. Este é, talvez, o sentido profundo do caminho de Compostela. Neste movimento de total abandono, de desfazer-se de si mesmo, os peregrinos encontravam a estrela que florescia: Compost-stela, a estrela que brota do composto. Todos nós temos a descobrir a estrela no coração do nosso ser mortal. Nossas caminhadas, nossas meditações, são também peregrinações.

Na Idade Média, uma peregrinação era frequentemente dada como penitência. Os padres pediam aos fiéis para que fossem a Santiago de Compostela, a Jerusalém ou a outros lugares considerados santos. Através da peregrinação, os peregrinos deveriam ir não apenas a um lugar preciso, mas reencontrar o caminho do seu próprio coração, reencontrar seu eixo, seu oriente, sua verdadeira natureza.

A peregrinação é o que nos permite ir, ao mesmo tempo, de um ponto a outro e reencontrar igualmente este ponto central, esta bússola interior que está em nós e que nos mantém centrados.

1

O QUE É UM PEREGRINO?

Existem todos os tipos de peregrinos; entre os animais, o falcão peregrino, literalmente imantado pela presa a ser atingida; o tubarão peregrino que migra regularmente no Atlântico Norte; os grilos peregrinos que, através de longas procissões aéreas, vão em direção às plantações alimentícias. Falcão, tubarão e grilo foram, sem dúvida, chamados de "peregrinos" porque, devido a um instinto certeiro, eles sabem para onde devem ir; o apetite é um grande guia, o animal peregrino está inteiramente orientado para aquilo que pode saciá-lo, o objeto do seu desejo é seu objetivo e seu todo. A intensidade e a velocidade da sua "caminhada" é proporcional ao espaço da sua falta... O mesmo acontece com o homem peregrino?

Ele também é um animal e não consegue evitar procurar o que pode preenchê-lo e alimentá-lo, e não apenas no nível material (ele não passaria, então, de um caçador, mas ainda não seria um peregrino). Existem nele fomes afetivas e espirituais, o homem não vive apenas de pão, mas também de amizade, de relações, de beleza, de poesia...

Não existe nele um desejo pela verdade, pela harmonia? E, além daquilo que as paisagens podem mostrar, um desejo pelo puro espaço? Além daquilo que as palavras podem dizer, um desejo de silêncio? Além daquilo que a consciência pode compreender e apreender, um desejo de pura consciência? Algo que esteja além de toda compreensão, de todo objeto a ser capturado ou compreendido?

Qual desejo faz do homem que caminha sobre a terra uma coisa diferente de um falcão, um tubarão ou um grilo? Algo diferente de um caçador, um turista ou um andarilho?

O caçador está à espreita de uma presa, de um objeto a ser agarrado e capturado, alguma coisa que possa alimentá-lo, a ele e àqueles que o acompanham; ele não suportaria voltar da sua viagem tendo as mãos vazias, as malas devem estar cheias de lembranças e, se ele for um caçador de imagens, suas próteses – fotos e vídeos – devem transbordar de impressões sonoras e coloridas. Se nada trouxermos, de que serviu a viagem? Os conhecimentos que assim pudemos acumular permanecem, entretanto, no exterior; lembranças que não mudaram nem o corpo nem a alma...

O turista poderia ser considerado um caçador se ele estivesse em busca apenas do necessário e do "nutritivo", mas o que mais o inquieta e excita, se não for obrigatoriamente o superficial, é a novidade: novas terras, novos semblantes, novos *gadgets*, novas engenhocas, novas impressões, novas sensações... Não é esta uma maneira inteligente de enriquecer sua sensibilidade, sua vida emocional e afetiva?

Somos sempre, mais ou menos, como tubarões, falcões ou grilos; consumidores mais ou menos vorazes de tudo aquilo que nos é oferecido nos mercados... Passamos assim de um objeto a outro e o desejo ali repousa um instante, desfrutando aquilo que lhe é proposto, mas uma vez "digerido" este novo objeto, a fome se intensifica, ela fica ainda mais viva, o passo acelera e, caso tivéssemos os meios financeiros, isto não teria fim.

O turista não caminha sobre a terra, ele corre sobre ela, ele a pisoteia, ele não tem tempo para contemplá-la, ele tem tempo apenas para buscar um outro objeto para o seu desejo; mal tendo chegado, ele pergunta: "Onde estaremos amanhã?" Nenhuma voz, nenhum guia para lhe colocar a questão: "Para onde você corre desta maneira? O que está buscando?", tão forte é a evidência, a evidência do seu instinto: ele busca um prazer, em seguida, outro prazer... Ele não pagou o preço para isto?

O andarilho é, sem dúvida, mais "avançado" do que o turista. Ele não busca mais um prazer, uma coisa, um objeto a tomar e a consumir (monumento, paisagem, corpo tropical ou cozinha estrangeira), ele busca o prazer, e seu prazer é caminhar e respirar, é estar em um lugar novo que ele descobre, sobre uma terra que ele percorre a passos largos e na qual ele encontra os habitantes... Sem pensar primeiro em levar alguma coisa, ele caminha pelo prazer de caminhar, ele vê pelo prazer de ver, ele encontra o outro pelo prazer do encontro; o objeto não é mais o seu objetivo, mas seu lugar de passagem, ali ele se encontra mais alimentado do que se ele tivesse buscado possuí-lo...

O objetivo do andarilho ou do viajante esclarecido não é mais este ou aquele lugar sagrado, exótico ou extraordinário, apesar desses lugares existirem e estimularem a sua caminhada, é o próprio caminhar; ele não permanece na superfície dos mundos que ele atravessa, ele escuta a sua seiva.

O peregrino é, sem sombra de dúvida, pelo menos na partida, um caçador, um turista, um andarilho ou um viajante esclarecido, mas não são todas essas coisas que fazem dele um peregrino. Seria, então, o fato de caminhar rumo a um lugar santo ou sagrado?

Podemos estar em busca de lugares santos e sagrados à maneira dos caçadores; entre algumas pessoas, o apetite espiritual é particularmente desenvolvido. Procuramos, então, objetos de êxtase, ou seja, de gozo... e, de emoções em emoções, de experiências fortes e numinosas em experiências fortes e numinosas, pensamos nos aproximar do céu ou da cobiçada salvação. Podemos ser consumistas com as coisas do espírito, assim como o somos com os bens da terra.

O andarilho espiritual ou o viajante esclarecido sabem que não existe lugar santo ou sagrado; é a nossa maneira de caminhar sobre a terra que faz dela uma terra sagrada ou uma terra profana e, se eles amam os lugares santos e sagrados conhecidos e reputados como lugares elevados e destinos de peregrinação, é para colocar seus passos nos passos daqueles que os precederam e que, graças à sua maneira atenta, respeitosa e celebrante dali caminhar, puderam ali reconhecer "a Presença".

O objetivo da peregrinação é, a cada passo do caminho, a Presença que nos dá a força de caminhar, é o Sopro que em certos momentos inspira e torna leve nosso caminhar. O objeto do nosso desejo está, sem dúvida, no término da viagem, mas quem nos acompanha já está lá; não se trata mais de um objeto externo, é a força viva que nos mantém de pé e faz bater nosso coração, não é mais um objeto que nos falta, é o próprio movimento da Vida que se dá.

O peregrino não se desloca de objeto de desejo em objeto de desejo (sagrado ou não), de lugar em lugar (santo ou não), ele caminha incessantemente rumo a si mesmo... rumo a "mais eu do que eu mesmo e completamente outro do que eu mesmo".

O turista caminha rumo a alguma coisa que completa o seu caminhar.

O andarilho caminha rumo ao "caminhar" e ao prazer que isso lhe proporciona.

O peregrino caminha rumo ao caminhante.

Cada passo do peregrino o aproxima de si mesmo, desobstruído de todas as falsas identidades e de todas as malas que o tornam pesado. Seu objetivo não é um objeto de desejo, é o Sujeito que deseja, é o conhecimento daquilo que o faz caminhar, o próprio princípio da sua vida.

O objetivo é de provar-se como alguém que deseja, como alguém que vive no caminhar. Entramos, então, em um *peregrinatio perennis*, que não é a corrida cansativa e sem fim que nos conduz de um objeto de desejo a um outro objeto de desejo, mas a caminhada consciente de um desejo sem objeto, que deixa ser aquilo que é...

Neste deixar ser podemos descobrir "Eu Sou", Aquele que nós buscamos e que nós já somos. "Aquele que é", "aquele que caminha", o alfa e o ômega... Aquele que estava no início da nossa peregrinação sobre a terra, Aquele que estará no final da nossa peregrinação no tempo. Sua Presença é mais do que um gozo e é diferente de uma falta, ela ao mesmo tempo nos preenche e nos deixa um buraco: "é um movimento e é um repouso", diz o evangelho de Tomé.

O peregrino solitário caminha por ele mesmo, rumo a si mesmo, para, sem dúvida, ali descobrir aquilo que é maior do que ele mesmo...

O "peregrino pela paz" caminha com os outros, para os outros, rumo à paz de todos os povos por onde passa seu caminho; mas sua mensagem de paz será apenas um discurso se, ao longo do seu caminho, ele não fizer a paz consigo mesmo e com todos aqueles que ele carrega em sua memória; multidão imensa da nossa história pessoal habitada pela nossa história familiar, transgeracional, coletiva e cósmica...

O objetivo do caminho é estar em paz consigo mesmo para estar em paz com os outros. É por esta razão que os primeiros passos do caminho levam a si mesmo.

Siegfried foi para mim o "peregrino escandinavo". Uma noite seu Deus lhe falou da seguinte maneira: "Siegfried, coração valente, levanta-te! Cavaleiro-peregrino, salva o mundo! Traz-lhe a paz!..." Siegfried se levantou e, como peregrino-cavaleiro sempre pronto, disse-lhe: "Eis-me aqui, seja o mestre da minha cabeça, do meu coração, do meu ventre e dos meus pés, conduz-me onde quiseres, eu salvarei o mundo, eu defenderei seus tesouros, eu lhe trarei a paz..." Em seguida, após ter refletido alguns instantes, ele se perguntou:

"Mas o mundo é grande, por onde devo começar?"

Pelo meu próprio país, é claro, mas meu país é grande, por onde devo começar?

Pela minha própria cidade, é claro, mas a cidade onde moro é grande, por onde devo começar?

Pelo prédio onde moro, é claro, mas o prédio é grande, ali moram várias famílias, por onde devo começar?

Pela minha própria família, é claro, mas com quem na minha própria família devo começar?..."

Foi desta maneira que Siegfried, o cavaleiro-peregrino para a paz, chegou até si mesmo, mas ali também ele se colocou a questão: "Por onde devo começar? Pelo corpo, estar em paz com minhas pulsões? Pelo coração, estar em paz com minhas emoções, meus medos, minhas expectativas, meus sentimentos?

Pela cabeça, estar em paz com meus pensamentos? O caminho é longo, mas é, sem dúvida, por ali que devo começar..."

"Salva o mundo", isso quer dizer "levanta-te, vai rumo a ti mesmo, busca e encontra a paz em ti, uma multidão será salvada junto a ti..." Assim como não podemos amar os outros se não nos amarmos, não podemos levar a paz ao mundo se não estivermos em paz conosco.

Isso é algo tão óbvio que, junto com Siegfried, os peregrinos pela paz sonham com isso dia e noite; caminhar juntos faz com que eles estejam incessantemente "com os pés no chão"; eles falam de paz, eles não estão em paz. Isso impede que eles julguem as nações por onde eles passam.

O peregrino não é perfeito, ele é perfectível,

É por esta razão que ele caminha.

É preciso todo este caos para fazer uma estrela...

~❧ 2 ❧~

QUAL PEREGRINAÇÃO?

Jerusalém é, talvez, antes de toda forma de nominação e definição, um lugar elevado de peregrinação. "Peregrinação" tomada no sentido habitual do termo: viagem de crentes rumo a um lugar consagrado por uma manifestação divina ou pela atividade de um mestre religioso (presente ou passado) para ali apresentar suas súplicas ou suas oferendas, em um espaço, um contexto propício ou preparado para isto (natural ou feito pela mão do homem).

A visita ao lugar santo, que é o objetivo, é precedida por ritos de purificação (o caminhar é o rito privilegiado desta purificação). Ela se realiza em uma comunidade na qual os peregrinos podem reconhecer-se como pessoas que compartilham a mesma fé na presença de um mesmo Deus. A dificuldade, o desafio ou a beleza em Jerusalém é que há diversos lugares santos e, portanto, diferentes destinos para a peregrinação e diferentes comunidades que não parecem compartilhar da mesma fé, mesmo que cada uma confesse "não poder haver um outro Deus além de Deus".

Antes de nos "re-centrarmos" em Jerusalém, a Bíblia nos fala de diversos lugares de peregrinação: Siquém, onde Abraão recebeu a visita de YHWH; Betel, onde Jacó combateu com o anjo; Silo, que primeiro abrigou a arca da aliança – quando esta foi introduzida sobre a colina dos Jebuseus, ou monte Moriá, por Davi. Quando Salomão ali construiu um templo, Jerusalém tornou-se, então, o lugar de peregrinação de todo Israel e, para todo israelita, passou a ser um dever ali subir três vezes ao ano para lá festejar, em Presença de YHWH, que fez de Jerusalém a sua morada.

> Três vezes no ano me celebrareis festa através de três peregrinações. A festa dos pães ázimos guardarás; sete dias comerás pães ázimos, como te tenho ordenado, ao tempo apontado no mês de Abibe; porque nele saíste do Egito; e ninguém apareça vazio perante mim. E a festa da sega dos primeiros frutos do teu trabalho, que houveres semeado no campo, e a festa da colheita, à saída do ano, quando tiveres colhido do campo o teu trabalho. Três vezes no ano todos os teus homens aparecerão diante do senhor Deus, YHWH[1].

Armand Abécassis[2] comenta da seguinte maneira este texto:

> O verdadeiro sentido da peregrinação está na apresentação a YHWH. O Hebreu devia ir a Jerusalém para ver e ser visto, para se mostrar a Deus e se apresentar diante d'Ele com as mãos cheias. O peregrino se faria reconhecer, reconhecendo, pois é apenas por Deus que ele precisa ser reconhecido e saudado. Apresentar a Deus as primícias do produto do trabalho era reconhecer que, no princípio, a terra Lhe

1. Ex 23,14-19.
2. Armand Abécassis nasceu no Marrocos em 1933. Ele é escritor e professor de Filosofia Geral e Comparada; seus escritos buscam promover um diálogo entre o judaísmo e o cristianismo [N.T.].

pertencia e apenas este reconhecimento – no sentido duplo da palavra – dava o direito e a possibilidade de utilizar a Terra prometida[3].

No entanto, uma vez destruído o templo, Jerusalém permanecerá sendo o lugar para o qual se voltarão todas as orações e para onde todo crente ansiará "retornar": à grande peregrinação sobre a terra dos seus ancestrais, a Jerusalém, ali onde seu Deus não deixou de morar e de aguardá-lo.

> Deus como Pai, Rei e Esposo – tais são as manifestações divinas às quais aspira o Hebreu, o Judeu e o místico e tais são as funções da peregrinação na tradição bíblica, talmúdica e mística. O peregrino ali encontra Deus como Pai que promete e salva seu filho; como Rei que dita a constituição do seu povo composto de sujeitos; como Esposo da comunidade judaica que torna-se aliado do amor. Ora, é notável que na família patriarcal seja a experiência de Deus como Pai que dá nascimento, promete e revela a Lei, que foi primordial. Nos tempos da instalação dos hebreus na Terra prometida, e em volta do Templo, é a experiência de Deus como Rei que foi central. A sociedade hebraica tinha, de fato, que se proteger contra o poder político e contra o Estado real; os profetas, como certos padres de então, constantemente relembraram isso aos reis e ao povo. Enfim, no exílio, os judeus dispersos retomaram o simbolismo conjugal caro aos profetas, tentando unir ao mesmo tempo as três manifestações divinas. Pai, Rei, Esposo e, portanto, família, sociedade e comunidade[4].

---

3. Cf. Armand Abécassis. "Les pèlerins de l'Orient et lês vagabonds de l'Occident" ("Os peregrinos do Oriente e os vagabundos do Ocidente"). *Cahiers de l'Université Saint-Jean de Jérusalem*, n. 4. Éditions Berg International.

4. Ibid.

Os "salmos das subidas" ou "cânticos dos degraus" (Sl 120-134) expressam a oração e os sentimentos dos peregrinos. Jesus os recitou quando, em conformidade à Lei, Ele subia três vezes ao ano a Jerusalém.

Mas Jesus anuncia a destruição do templo, Ele faz do seu próprio corpo e do corpo do ser humano o verdadeiro Templo, ali onde reside Deus; de agora em diante, não é nem sobre esta montanha nem em Jerusalém que devemos ir em peregrinação. "Deus é Sopro e é neste Sopro e na vigilância" que devemos adorá-l'O e encontrá-l'O.

A peregrinação na nova aliança inaugurada por Jesus deve ser vivida no interior, rumo a este lugar de nós mesmos onde se origina o Sopro e a Consciência, é ali e em nenhum outro lugar que está "nosso Pai, nosso Rei, nosso Esposo". Sabemos que tais palavras Lhe custaram a vida, pois, aos olhos dos seus contemporâneos, fazer do corpo frágil e perecível do humano a morada sagrada do Eterno, do Incriado, do Inacessível, era uma blasfêmia...

E, no entanto, onde mais ir buscar Aquele que nós buscamos se não for naquele que o busca? YHWH não disse a Abraão: "Vá em direção a ti mesmo"?

Jesus foi crucificado, condenado à morte, enterrado; diversas "testemunhas" dizem que "no terceiro dia Ele ressuscitou dentre os mortos". Sua peregrinação terrestre havia atravessado as portas da morte, Ele tinha ido ao limite de Si mesmo, à descoberta, no fundo da sua vida mortal, da Vida que não morre...

Este "descobrimento" foi novamente "recoberto" em um túmulo que mais tarde será chamado de "Santo Sepulcro", que se tornou o lugar santo de toda a Cristandade, seu lugar de peregrinação... Muitos peregrinos armados ou desarmados morrerão para defender este lugar elevado. No entanto, a palavra que ecoa do túmulo continua não sendo ouvida: "Não buscai entre os mortos Aquele que está Vivo. Ele não está aqui, Ele Ressuscitou".

Seria este um dos segredos da peregrinação cristã em Jerusalém: aproximar-se o máximo possível daquilo que está morto ou que é mortal para ouvir o chamado para "de lá sairmos" e nos "mantermos" de pé (ressuscitar) naquilo que permanece vivo para sempre?

Na tradição do Islã a peregrinação também é importante. A jovem comunidade muçulmana que emigrou para Medina em 622 tinha, primeiro, adotado os rituais da tradição bíblica, tais como a oração e a peregrinação em direção a Jerusalém e o jejum no décimo dia do primeiro mês do ano, lembrando o Yom Kippur.

Foi apenas em 624, após as dificuldades de Maomé com os judeus que não queriam reconhecê-lo como profeta, da mesma maneira como eles tinham recusado reconhecer Jesus como o Messias, que foi dada a ordem de orar em direção à Caaba[5] em Meca, assim como para lá se dirigir em peregrinação. Foi também neste momento que foi instituído o jejum no mês de Ramadan[6]; diversas maneiras de declarar a independência do Islã

❧

5. A Caaba ou Kaaba é uma construção reverenciada pelos muçulmanos, em Meca. É uma construção cúbica cercada de muros que está permanentemente coberta por uma manta escura com bordados dourados que é regularmente substituída. Nela encontra-se, encravada em uma moldura de prata, a Hajarel Aswad ("Pedra Negra"), uma pedra escura, uma das relíquias mais sagradas do Islã. A Caaba é o centro das peregrinações no Islã e é para onde o devoto muçulmano volta-se em suas orações diárias [N.T.].

6. Nono mês do calendário muçulmano, no qual os muçulmanos não comem, não bebem e não mantêm relações sexuais da aurora até o entardecer [N.T.].

nascente para com relação aos rituais e às peregrinações que o tinham precedido.

É dito, no entanto, que, no final dos tempos, a *qibla*, a orientação da oração, será novamente Jerusalém, assim como a peregrinação onde, sob o discernimento de Jesus, reconheceremos os "verdadeiros crentes"... daí a importância "escatológica" de Jerusalém para os muçulmanos. Mas, por enquanto, é em Meca, e particularmente no momento da grande peregrinação (*hadj*), que eles encontram, além das diferenças étnicas que os constituem, a identidade que lhes é comum. É no momento da peregrinação que a *umma*, a comunidade (de muçulmanos) se reconhecerá como tal. A peregrinação é considerada um dos cinco pilares do Islã e é obrigatória para todo muçulmano que for capacitado física e financeiramente (Corão III, 97). Compreendemos, então, por que foram condenados aqueles que relativizaram a importância da peregrinação a Meca, reduzindo-a a um símbolo externo da peregrinação interna que todo homem deve realizar em direção à Caaba, a pedra negra, no templo do coração.

O místico Al-Hallâj[7] terá que suportar o mesmo suplício que Jesus por ter afirmado: "Destruí a Caaba para reconstruí-la viva e em oração entre os anjos". O objetivo da peregrinação não é um lugar externo, uma pedra negra, ou uma presença numinosa, é o próprio Deus, que habita no coração do homem purifi-

---

7. Mansur Al-Hallâj, místico do sufismo, nasceu no sul do atual Irã por volta de 858. Viajou para o Oriente e foi o primeiro a apresentar a religião islâmica aos hindus. Fez três peregrinações a Meca, sempre vivendo experiências cada vez mais profundas. A sua relação com a ortodoxia muçulmana foi se degradando aos poucos. Ele foi preso três vezes até ser condenado à morte em 922, acusado, dentre outras coisas, de "publicidade de milagres", "usurpação do poder supremo de Deus" e "heresia". Ele foi supliciado e crucificado à maneira muçulmana, o que fez com que muitos fizessem um paralelo entre ele e Jesus [N.T.].

cado e é em torno d'Ele, do seu eixo em nós, que devemos fazer a circunvolução ritual. Não é uma famosa *hadith*[8] que proclama: "Nem a minha terra nem o meu céu me contém, mas eu estou contido no coração do meu servidor fiel".

A peregrinação da vida humana gira em torno deste eixo, quer ele seja simbolizado pela Caaba, o monte Moriá[9] ou o Templo de Jerusalém; a cada passo, assim como a cada volta, deveríamos nos aproximar do Centro ou da Fonte: "Ao redor do meu Deus vai a minha ronda, em volta deste antigo círculo, eu giro ao longo dos séculos...", diz Rilke[10] fazendo eco à imensa multidão de peregrinos, qualquer que seja a sua tradição, fazendo eco também aos filósofos que não param de "girar em torno da questão" do princípio ou da origem, Fonte de vida, criadora de todas nossas sedes e dos caminhos traçados pelo insaciável desejo:

> Como um coro em torno do seu corifeu, nós giramos perpetuamente em volta do Princípio de todas as coisas... e quando nós o contemplamos, nós obtemos o esgotamento dos nossos desejos e descansamos. Então, não estamos mais em desacordo, mas formamos em volta dele uma dança na qual a alma

8. Uma hadith designa uma comunicação oral do profeta Maomé e, por extensão, uma coletânea que compreende o conjunto das tradições relativas aos atos e às palavras de Maomé e seus companheiros, considerados como os princípios de governo pessoal e coletivo para os muçulmanos [N.T.].

9. Lugar sagrado do judaísmo, onde Abraão teria subido para sacrificar seu filho Isaac e sobre o qual foi construído o Templo de Jerusalém, destruído pelos romanos por volta do ano 70. Desta construção restou apenas o muro externo, conhecido hoje em dia por Muro das Lamentações, Muro Ocidental ou Kotel [N.T.].

10. Rainer Maria Rilke, escritor de língua alemã nascido em Praga no ano de 1875 e falecido num sanatório suíço em 1926. Ele deixou em sua obra uma das imagens mais exacerbadas do criador dividido entre a "ardente aspiração à luz" e a "angústia contínua face à miséria, ao sofrimento e à morte" [N.T.].

contempla a Fonte da vida, a Fonte da inteligência, o Princípio do ser, a causa do bem, a raiz da alma[11].

Assim, junto às peregrinações religiosas orientadas a estes lugares considerados como santos ou sagrados, lugares de culto ou de celebração, há a peregrinação interna. O caminho a ser percorrido é o espaço que nos separa do Deus que nós buscamos ao longe sobre esta terra ou no mais alto dos céus e em nós mesmos. É o tempo que nós precisamos para que se realize a retirada das projeções; Aquele que nós buscamos e projetamos fora de nós, está dentro de nós. É o tempo de uma Eucaristia; Aquele que nós buscamos, nós o somos...

Então, por que devemos caminhar? Não há esforço a ser feito para sermos nós mesmos, não podemos ser outra coisa além de nós mesmos, nem estar em outro lugar além dali onde estamos! Todos o dizem ou pretendem sabê-lo... todavia, é caminhando que realmente vivemos isso; é por esta razão que não devemos opor peregrinação externa a peregrinação interna. O que faz a unidade das duas peregrinações é o próprio peregrino, indissociavelmente corpo e espírito, sonho e peso...

O caminhar é um caminho não apenas de unificação de si mesmo (corpo – coração – espírito) – a cabeça se lembra, enfim, que ela tem dois pés –, mas também de unidade com a Fonte e o Princípio que nos edifica.

A liturgia da manhã de Páscoa nos diz: "Não buscai mais fora Aquele que está vivo, Ele está dentro de vós". Ouvir estas palavras não é parar o seu caminhar, mas é lhe dar a sua base, o seu sentar.

11. Plotino. *Ennéades*, VI, 9.

De agora em diante não caminhamos mais rumo a alguém, nós caminhamos com Ele, n'Ele.

A peregrinação atinge seu objetivo quando ela nos faz entrar no movimento da Vida que se dá...

O peregrino é, então, "Aquele que caminha": "o motor imóvel", "aquele que, para retomarmos a imagem de Dante e de Aristóteles, faz girar a Terra, o coração humano e as outras estrelas..."

3

Qual orientação?

Dizíamos de são Bernardo que ele tinha o rosto de alguém "voltado para Jerusalém". O lugar da oração não é um lugar, mas uma direção. A *mihrab*, um dos primeiros elementos constituintes da mesquita, é uma reentrância na parede que indica a direção exata.

A palavra *qibla*, em árabe, remonta à mesma fonte da palavra "cabala", *kabbalah* em hebraico. Sua raiz comum, *qabbala*, significa "encontrar-se diante de, em face de", "receber", "transmitir" e também "permutar".

O gesto decisivo para marcar a passagem à fé é "virar (ou orientar) seu semblante", antigo rito do deserto. Abraão já tinha "virado seu rosto", de modo a renegar os ídolos da tribo, refugiando-se no Único. "Orientar seu semblante é dedicar a parte mais pessoal [...] sua interioridade e, ao mesmo tempo, todos os acidentes do caminho, os acontecimentos que nos chegam, tudo aquilo que nos burila um rosto e modela nossos traços"[12].

Talvez por Jerusalém ser, antes de tudo, uma direção, uma orientação para a oração, um lugar de reunião e de peregrinação, uma "casa de louvores para todos os povos", ela não possa ser a capital de um país?

12. Nadjmoud-Dine Bammate. *Cités d'Islam* (*Ditos do Islã*), Arthaud, 1987.

Um "centro do mundo", um eixo de referência para todos os crentes – como este centro poderia ser apenas o centro de um Estado?[13]

A função de Jerusalém é uma função transcendente; a cidade lembra a todas as nações que não temos moradias estáveis ou de segurança aqui embaixo – nossa única força e nossa paz é o poder da nossa orientação que não é um lugar-além espacial, mas um Outro sempre presente, que faz de cada um dos nossos passos um lugar de Presença, uma celebração no Templo.

Além da orientação da oração virada para Meca ou para Jerusalém, coloca-se a questão da nossa orientação interna, da nossa *qibla* íntima.

A orientação para o ocidente, o sol poente, a luz que declina, simboliza a orientação de uma vida voltada para a morte, o que, para muitos, parece ser o único fim do homem e o "destino do Ocidente".

A orientação para o oriente, o sol levante, a luz que se ergue, simboliza a orientação de uma vida e de uma maneira de ver voltada para a origem da luz, para o lugar de onde o sol se ergue. Uma vida "orientada" é uma vida que não perdeu o sabor do seu oriente e que vela a cada dia ao nascimento do seu sol. Alguns distinguirão a filosofia "ocidental" da filosofia "oriental", uma diferença de orientação do pensamento voltado para a luz original ou para a luz no seu declínio. "Ser para a luz" ou "ser para a morte", tal seria a escolha que orienta nossos destinos[14].

Uma outra orientação parece possível, simbolizada pelo norte; uma luz que não vem nem do oriente nem do ociden-

13. Quando o Estado de Israel foi criado, em 1948, a capital escolhida foi Jerusalém, mas esta escolha não foi reconhecida pela comunidade internacional; a capital oficial é Tel Aviv [N.T.].

14. Ou ainda "ser para o infinito", que supõe a aceitação e a superação das suas finitudes.

te, além do seu alvorecer ou do seu declínio, além daquilo que chamamos de nascimento e morte (observando que os dois são indissociáveis). A orientação voltada para o norte simboliza a luz do alto, a luz do polo, que está além dos contrários: "sol da meia-noite" ou "noite de luz".

É esta orientação que parece ter sido perdida, o homem contemporâneo "perdeu o norte" e nem sua nostalgia oriental nem sua "lucidez" ocidental parecem satisfazê-lo.

Várias lendas, de diversas origens, lembram que, no topo do Templo, uma escada estava erguida, a escada de Jacó e a de Maomé no momento das suas elevações ao céu. Isso nos lembra que esta orientação da vida humana a uma outra luz, que não é nem de antes nem de depois, sem começo nem fim. É a orientação da Jerusalém terrestre à Jerusalém celeste.

Se esta orientação está perdida, se Jerusalém "perdeu o norte", o sentido da sua história permanece horizontal, o de uma nostalgia ou de um destino inelutável, mistura dos dois; pois Jerusalém é realmente esta mistura entre oriente e ocidente, mistura de louca esperança e pura angústia.

Se Jerusalém "reencontrar seu norte", assim como aqueles que estão voltados para ela, o sentido da história voltará a ser vertical. O sentido da vida humana é o de uma elevação que, bem-enraizada na matéria e no tempo, abre-se a outras dimensões do Real e que, de nível de realidade em nível de realidade, de luz em luz, aproxima-se da Luz una e essencial.

O sentido da vida humana como aprofundamento ou elevação para esta pura Luz do norte, "sol da meia-noite", invoca o homem a uma humanidade que é maturação, libertação de uma vastidão que contém e ultrapassa os dilemas da Jerusalém e do mundo terrestres, desmembrados entre seus extremos oriente e ocidente[15].

15. Cf. Jean-Yves Leloup. *Dictionnaire Amoureux de Jérusalem* (*Dicionário Amoroso de Jerusalém*). Plon, 2010.

4

A VIA DO PEREGRINO

Dentre todos os relatos de peregrinação, os *Relatos de um peregrino russo*[16] é um dos mais tocantes. Por trás deste texto aparentemente ingênuo, publicado em 1884, obra de um autor anônimo, adivinhamos um verdadeiro ensinamento que transmite de maneira simples a tradição hesicasta...

Nós também, como este camponês russo, somos peregrinos em marcha, a caminho; mas rumo a qual despertar? De passagem sobre a terra, é preciso descobrir o sentido deste caminhar e deste cansaço que por vezes toma conta de nós. Talvez estejamos, assim como ele, decepcionados pelas palavras que nos prometem um tesouro que está ao mesmo tempo ao nosso alcance e que não conseguimos tocar.

O peregrino vai de igreja em igreja, de sermão em sermão, de conferência em conferência. É-lhe dito, de maneira precisa, que Deus é clara e pura Luz e que conhecer Deus é despertar para esta Luz "que ilumina todo homem que vem a este mundo". Ótimo! Mas como não vemos de maneira clara, o espírito está embaçado e o mental agitado, como conhecer a verdadeira Luz?

16. Editora Vozes, 2008.

Dizem-lhe repetidas vezes que Deus é Amor, Trindade, Relação de pessoa, sem confusão nem separação e que "aquele que habita no amor habita em Deus e Deus habita nele". Magnífico! Basta amar... Mas como amar?

Mesmo se tivermos a palavra "amor" em nossos lábios, nem por isso temos o seu sabor no nosso coração; não suportamos nosso vizinho, sem dúvida amamos aqueles que nos amam, mas e aqueles que nos caluniam? Aqueles que não nos dão nenhuma atenção? Amar seus inimigos, sim! Ser amor como a esmeralda é verde, fazer "brilhar seu sol sobre os bons assim como sobre os maus", sim! Mas como?

Também lhe foi dito que "Deus é a Vida, o grande Sopro que anima todo o universo, por Ele tudo existe e sem Ele nada existe". Ele não é apenas esta vida mortal, vítima, um dia ou outro, das leis da entropia – não, Ele é a Vida eterna, a Vida incriada que não passa.

O peregrino fica maravilhado, mas seu corpo lhe dói, ele se sente frágil, bastaria um nada, talvez, para que escorreguem e desapareçam com ele as grandes, as belas ideias sobre o não nascido, não criado, que nem nasce nem morre. Deus é a Vida eterna, que assim seja! Mas como sabê-lo quando estamos no tempo? Como nos libertarmos do medo, da angústia? Como ter certeza de que tudo isto não passa de um sonho, que o poder da ressurreição já está em obra em nossas profundezas? Como ter certeza que jamais morreremos?

Junto aos monges, o peregrino ouve falar do objetivo da vida humana: a *théosis* ou "divinização"; é-lhe repetido que "Deus se fez homem para que o homem se torne Deus"... Deus se fez sarcóforo (aquele que porta a carne) para que o homem se tornasse pneumatóforo (aquele que porta o espírito).

Mais uma vez, ele fica maravilhado. É-lhe dito de maneira precisa que o Deus imparticipável na sua essência se deixa participar nas suas energias e que a divinização é participação nestas energias incriadas que os discípulos viram brotar do corpo terrestre de Jesus no momento da sua transfiguração. O objetivo da vida humana é conhecer isto: "Tornar-se participante da natureza divina", como dizia são Pedro. Mas como?

É preciso adquirir o Santo Espírito, é o Santo Espírito que nos torna semelhantes ao Filho e no Filho nós nos tornamos um com o Pai. Santo Irineu é citado: "Deus Pai nos molda com suas duas mãos, o Filho e o Espírito, é através deles que Ele se torna cognoscível". O peregrino quer acreditar nisto; no entanto, ele gostaria de "ver", "cheirar", "sentir", "saborear", para que esta participação não seja apenas uma imensa saudade.

Então lhe dirão: "É preciso orar, orar incessantemente" e você compreenderá:

> Ouvi vários excelentes sermões sobre a oração, mas eles eram apenas instruções sobre a prece de uma maneira geral: o que é a oração, o quanto ela nos é necessária, quais são seus frutos – mas nada foi dito sobre como chegar à verdadeira oração. Ouvi um sermão sobre a oração em espírito e sobre a oração perpétua, contínua e ininterrupta, mas não indicaram como era possível chegar a este estado [...] Não obtive o que buscava; parei, portanto, de ouvir os sermões e decidi, com a ajuda de Deus, procurar um homem que fosse experiente e erudito e que pudesse me explicar esse mistério que atraía meu espírito de forma tão irresistível[17].

17. *Relatos de um peregrino russo*. Editora Vozes, 2008.

Não é mais o momento dos discursos e das conferências, trata-se, para ele, de encontrar um homem "experiente e erudito": não apenas um erudito, pois lhe faltaria a força do testemunho e da transmissão da energia; não apenas um homem experiente, ele o fecharia na sua experiência e não teria o discernimento para aconselhá-lo no lugar onde ele se encontra sobre o caminho. É a conjunção da ciência e da experiência que fazem o *stárets*, ou seja, o "mestre" ou o "pai espiritual".

É chegado um momento em nossa vida no qual nós não podemos mais nos contentar com ideias gerais, temos necessidade de sermos guiados de maneira concreta, acompanhados no desenrolar das nossas experiências.

Na tradição hesicasta, assim como em todas as grandes tradições, insistimos sobre esta transmissão de pessoa a pessoa, "do meu coração ao teu coração". O espelho no qual nós podemos discernir a qualidade ou a ilusão dos nossos atos não é uma lei ou uma regra, mas uma pessoa. A inteligência e o amor de Deus se mediatizavam no olhar do *stárets* cuja ciência nos ilumina e a experiência nos reconforta.

O peregrino vai, portanto, buscar um guia, um pai espiritual, para descobrir nele o Filho único voltado em Espírito ao "Único que é Pai"... Ele o encontrará em um destes monastérios que floresceram na Rússia no final do século XIX, como em Optimo, para onde foram, dentre outros laicos em busca de orientação espiritual, um Gogol, um Dostoievski, um Khorniakov, um Soloviev, um Tolstoi...

> O senador, o pobre camponês, o estudante surgem igualmente aos olhos do Ancião como pacientes que precisam de uma medicina espiritual [...] Alguns perguntarão: eles deveriam casar sua filha ou filho?

Aceitar uma função, mudar-se para buscar trabalho? [...] Uma camponesa solicitou um conselho sobre a melhor maneira de alimentar suas aves [...] e ela recebeu o conselho. Diante da surpresa dos que o cercavam, o *stárets* respondeu: toda sua vida estava nestas aves...[18]

Toda a vida do peregrino está, de agora em diante, nesta questão: "Como orar incessantemente?" O *stárets* não faz longos discursos: após ter lhe lembrado que a sabedoria e a ciência humanas não são suficientes para adquirir o dom de Deus, que é, antes, a doçura e a humildade do coração que nos dispõem a recebê-lo, ele o convida a uma prática.

Esta prática, apesar dele tê-la experimentado, ele não a inventou, ele transmite aquilo que ele próprio recebeu. O método que ele preconiza é aquele atribuído a Simeão, o Novo Teólogo, no livro em que estão consignadas as sutilezas desta "arte das artes" que é a oração: a Filocalia. Aliás, é preciso observar que, para os Antigos, a oração é antes uma arte do que uma técnica; isso quer dizer que se trata de uma "meditação que possui um coração".

"Filocalia" quer literalmente dizer "amor pela beleza"; a oração é a arte através da qual nós nos unimos à Beleza última cuja natureza, os corpos ou os rostos, são o reflexo. Orar é ir do reflexo à luz ou voltar da luz venerando-a em seus reflexos. Se quiséssemos resumir em algumas palavras o método que o *stárets* ensina ao peregrino poderíamos dizer: "Sente-se, cale-se, permaneça só, respire mais suavemente, faça descer sua inteligência no coração, no ritmo da sua respiração invoque o Nome,

---

18. Jean Meyendorff. *Saint Grégoire Palamas et la mystique orthodoxe* (São Gregório Palamas e a mística ortodoxa). Le Seuil. Coleção "Points", 2002.

deixe os pensamentos, seja paciente e repita frequentemente este exercício".

Reencontramos os elementos essenciais do método hesicasta: o sentar, o silêncio, a solidão, a respiração, o centro do coração, a invocação, a repetição.

> Permanece sentado no silêncio e na solidão, inclina a cabeça, fecha os olhos, respira mais suavemente, vê, através da tua imaginação, o teu coração, reúne a tua inteligência, ou seja, o teu pensamento, da cabeça ao teu coração. Dize no ritmo da tua respiração: "Senhor Jesus Cristo, tende piedade de mim" em voz baixa ou simplesmente em espírito. Esforça-te para expulsar todo pensamento, sê paciente e repete frequentemente este exercício[19].

Após a morte do *stárets*, o peregrino vai descobrir sua presença no interior de si mesmo; quando ele estiver em dificuldade, ele o interrogará ao pôr do sol e o *stárets* virá ensinar-lhe em sonho. Sua presença continuará a guiá-lo, ele tornou-se, no inconsciente do peregrino, uma espécie de arquétipo do velho sábio que podemos consultar nos momentos em que um desejo ou uma necessidade intensa se fazem sentir.

A Bíblia e a Filocalia que o *stárets* citava incessantemente vão permanecer os únicos companheiros do peregrino e, assim, ele continuará a ter o cuidado de verificar a autenticidade das suas experiências no espelho da tradição.

Passo a passo, a oração percorre nele o seu caminho. Como Abraão, o peregrino "caminha na presença de Deus", e o fato de manter-se em sua Presença, de voltar incessantemente a Ele através da invocação, o transforma e o encaminha rumo à pleni-

19. *Relatos de um peregrino russo*. Op. cit.

tude. O cristão não é um homem melhor do que os outros, nem mais inteligente, nem mais amoroso, apenas ele caminha com Alguém, ele mantém-se na sua Presença. É esta Presença, mais do que seus próprios esforços, que o transforma.

Em um casal, dizemos que o homem e a mulher, ao envelhecerem, acabam assemelhando-se. Quando vivemos desta maneira, pela oração, na proximidade de Deus, acabamos por nos assemelhar a Ele: nós nos tornamos aquilo que amamos.

> E assim vou caminhando, recitando sem parar a oração de Jesus, que me é mais cara e doce do que tudo no mundo. Às vezes faço setenta verstas por dia sem sentir que caminhei; sinto apenas que orei. Quando um frio agudo me atravessa, repito minha prece com mais fervor e sinto-me novamente aquecido. Quando a fome começa a me rondar, invoco ainda mais vezes o nome de Jesus Cristo e esqueço que tinha fome. Quando estou doente e minhas costas, minhas pernas e meus braços doem, escuto as palavras da oração e não sinto mais minhas dores. Se alguém me ofende, basta eu pensar como é doce a oração de Jesus, para que o ressentimento e a ofensa desapareçam e sejam esquecidos. Tornei-me um pouco estranho, não tenho mais preocupações, as coisas externas não chamam mais a minha atenção, gostaria de estar sempre sozinho; minha única necessidade é orar, orar sem parar, e, quando eu oro, sinto-me repleto de alegria. Deus sabe o que se opera dentro de mim!
>
> Naturalmente, tudo isso não passa de impressões sensíveis ou, como diria o *stárets*, o efeito da natureza e de um hábito adquirido; mas ainda não ouso dedicar-me ao estudo da oração no interior do coração [...][20].

20. Ibid.

Alguns, ao lerem este relato, poderão pensar que a oração é uma espécie de auto-hipnose, ou uma droga psíquica, que nos torna insensíveis à fome, à sede, à dor e aos insultos. O próprio peregrino não diz que ele tornou-se "um pouco estranho"? Com discernimento, ele observa que todos estes efeitos um pouco mágicos e maravilhosos são o resultado de uma boa concentração, "o efeito da natureza e de um hábito adquirido". Não há nada propriamente de sobrenatural nisto tudo no sentido de experiência da graça. Ele observa que ainda não é "a oração (espiritual) no interior".

Todos estes efeitos não devem ser buscados por eles mesmos, eles chegam e, como tudo aquilo que chega, eles partirão. Sem apegar-se a eles, atravessá-los, tampouco rejeitá-los, não ter medo de tornar-se um "pouco estranho" e de sentir-se "neste mundo, mas não deste mundo". Despertar assim a uma outra consciência, e relativizar este mundo espaçotemporal no qual nós tomamos o hábito de viver sensível e racionalmente e que aparecerá, então, como um mundo dentre outros, um plano ou um nível dentre outros planos ou outros níveis da Realidade una.

Junto a estes fenômenos mais ou menos extraordinários, a oração do coração produz igualmente um certo número de efeitos que o praticante deve ser capaz de reconhecer sem se inquietar: uma "certa dor no coração" – quando não se trata das primícias de um infarto –, talvez o sinal de que o coração está se abrindo, tornando-se permeável ao "todo outro amor", e isso não acontece sem que ocorra uma "certa ferida" mencionada igualmente pelos místicos do Ocidente, particularmente são João da Cruz em *Na viva chama do amor (La Vive Flamme d'amour)*:

> *Ó viva chama do amor que fere ternamente*
> *o centro profundo da minha alma...*
> *Ó suave queimadura,*

*Chaga deliciosa,
Mão ligeira, toque delicado
Que tem o sabor da vida eterna...*

Toque substancial de Deus na substância da alma. *Ó mane blanda! Ó toque delicado!*[21] A linguagem do peregrino é menos preciosa, mas sua experiência não deixa de ter ressonância com a de são João da Cruz. Após a dor, ele também falará de uma "tepidez agradável" e de um "sentimento de consolo e paz". Deus fere e cura no mesmo instante, Ele abaixa e Ele ergue, Ele obscurece e Ele ilumina.

A viagem do peregrino é sobretudo interna, ele visita todas as emoções, as experiências que um ser humano pode viver, tanto as mais agradáveis quanto as mais desagradáveis, "nada de humano lhe é estrangeiro" e, no entanto, em tudo isto ele permanece um "passante". Não parar no êxtase, não se comprazer no sofrimento, este é o caminho: "Sede passante!"

Calor, fervilhar, leveza, alegria, lágrimas, tantas manifestações sensíveis que atestam a "Presença incomparável" do Vivente no peregrino, mas, mais importante do que essas manifestações, há a "compreensão das Escrituras" e a experiência da Transfiguração.

> Nessa época, eu também lia minha Bíblia e sentia que começava a compreendê-la melhor, pois as passagens bíblicas me pareciam menos obscuras. Os Santos Padres têm razão quando afirmam que a *Filocalia* é a chave que dá acesso aos mistérios ocultos na Escritura. Com a sua ajuda, eu descobri o que significavam as expressões *o homem interior no fundo do coração*[22], *a verdadeira oração, a adoração*

21. No original em espanhol no texto.
22. 1Pd 3,4.

em espírito[23], *o Reino no interior de nós*[24], *a intercessão do Espírito Santo*[25]; e compreendi também o sentido dessas palavras: *Vós estais em mim*[26], *estar revestido do Cristo*[27], *as bodas do Espírito em nosso coração*[28], a invocação *Abba, Pai*[29] e muitas outras. Quando orava no fundo do meu coração, tudo que me cercava surgia sob seu aspecto mais encantador: as árvores, a grama, os pássaros, a terra, o ar, a luz, todos pareciam dizer que existiam para o homem, que davam testemunho do amor de Deus pelo homem; tudo orava, tudo cantava glória a Deus! Compreendi, assim, aquilo que a *Filocalia* chama de "conhecimento da linguagem da criação" e percebi como é possível conversar com as criaturas de Deus[30].

A experiência da Transfiguração, junto à experiência do humilde Amor, é uma das características fundamentais da vida hesicasta. No monte Atos, na esteira de Gregório Palamas, insistimos muito sobre o realismo desta experiência que é a garantia da nossa ressurreição, participação à Luz incriada.

Kazantzakis[31] observa que nossa tendência é a de "humanizar Deus quando deveríamos deificar o homem" e deificar todo homem. Um exemplo tirado da história da arte pode nos fazer

23. Jo 4,23.

24. Lc 17,21.

25. Rm 8,26.

26. Jo 15,4.

27. Rm 13,14; Gl 3,27.

28. Ap 22,17.

29. Rm 8,15-16.

30. Ibid.

31. Nikos Kazantzakis (1883-1957), escritor grego [N.T.].

compreender aquilo que pode ser a "perda da teologia das energias divinas no mundo ocidental". O corpo do Cristo e o dos santos era outrora representado dentro de uma mandorla. Eles eram inteiramente envoltos na luz. Depois esta luz se transformou em uma auréola em volta do rosto, para terminar como um disco ou pequeno pires acima da cabeça do Cristo e dos santos, como se a graça tivesse se retirado do corpo do homem e não se manifestasse mais em seu corpo, mas planasse como uma pequena nebulosa acima da sua cabeça.

O peregrino vê o mundo transfigurado, ou seja, a "chama das coisas" é revelada a ele; o mundo não mudou, são seus olhos que, através da oração, abriram-se e tornaram-se capazes de ver a glória de YHWH no corpo do mundo.

A glória de Deus, no pensamento judaico-cristão, evoca uma experiência de peso, de densidade luminosa. Para nós, frequentemente a glória não passa de fama; tradução, sem dúvida, da *dignitas* dos romanos, o poder de uma "aparência", enquanto que, para um semita, a glória de um ser é a sua realidade fundamental.

"A terra e os céus contam a glória de Deus"[32]. Isso é dizer que o Incriado está presente através das suas energias. Nós perdemos a visão do "corpo energético" da terra, vemos apenas seu corpo material. O peregrino, através da vibração do seu coração, despertado pela invocação, tem novamente acesso a esta visão, que foi a de Moisés quando olhou a sarça ardente: "Eu vi a chama na sarça" e na chama a voz do Outro que diz: "Eu sou".

A sarça, a chama, "Eu sou", não é a experiência, em um mesmo olhar, da natureza, da energia e da essência transcendente à sua manifestação? Não é igualmente a experiência dos discípu-

32. Sl 19,2.

los no dia da Transfiguração? A liturgia bizantina nos diz que seus olhos tornaram-se capazes de vê-lo "tal qual Ele é": em seu corpo físico, em seu corpo de luz, na sua relação com o Ser que afirma "Eis o meu filho", que podemos igualmente traduzir em linguagem metafísica: "Eis a minha manifestação, minha energia". Os apóstolos contemplam, então, "o visível e o Invisível", eles ouvem "o nome do Inominável", eles tocam, ou melhor, eles são tocados por "Aquele que habita em uma luz inacessível".

Na sua medida, o peregrino russo entra nesta experiência da transfiguração que é o objetivo da meditação hesicasta. Enfim, ele está feliz, e uma parte da sua felicidade chega até nós:

> Essa felicidade não iluminava apenas o interior da minha alma, o mundo exterior também me aparecia sob um aspecto maravilhoso, tudo me convidava a louvar e a amar Deus; os homens, as árvores, as plantas, os animais, tudo me era familiar e, para onde quer que eu dirigisse o meu olhar, eu encontrava a imagem do nome de Jesus Cristo. Às vezes eu me sentia tão leve que tinha a sensação de não ter mais um corpo; eu tinha a impressão de estar flutuando suavemente no ar e, às vezes, entrava completamente dentro de mim mesmo. Eu via o meu interior nitidamente e admirava o edifício admirável do corpo humano[33].

Estamos aqui na presença de uma espiritualidade que não está desencarnada e, portanto, o problema não é como sair deste baixo mundo e deste corpo de podridão, mas como deixar descer a chama do Pentecostes em todos os elementos do nosso universo perecível, como apressar a Transformação do mundo.

---

33. *Relatos de um peregrino russo*. Op. cit.

A oração do coração invoca, sobretudo, as duas grandes Energias ou Manifestações do Pai-um: "Venha, Senhor Jesus, envia teu Espírito, que se renove a terra!"

A via do peregrino não se opõe às preocupações sociais e ao desejo de justiça do homem contemporâneo, ela lembra apenas que uma mudança de sociedade sem uma mudança do coração do homem é, a mais ou menos longo termo, destinada ao fracasso.

O coração do homem só pode mudar se ele se sentir ao menos uma vez amado, infinitamente amado, e se ele consentir neste Amor que pode libertá-lo da sua vaidade e das suas vontades de poder. Por ele ter encontrado seu peso de luz, raio de energia na matéria, ele sabe que está ligado, junto com todos os outros, a um "Único Sol".

Trata-se então de caminharmos, de permanecermos peregrinos e de "introduzirmos na opacidade da noite o brilho do dia".

5

TODA VIAGEM É UM CLIMA
A ATRAVESSAR

Antes de falarmos do que quer que seja, seria preciso precisar do que estamos falando, de qual realidade. Mas colocar esta questão é colocar a questão essencial e sem fim: O que é a realidade?

Podemos responder a esta questão através de algumas evidências, ou seja, algumas atenções ou experiências que não demandam um esforço considerável para serem compreendidas ou provadas.

A realidade é a consciência na qual nós vivemos e na qual nós estamos. A realidade é o nosso estado ou nosso nível de consciência: nosso clima. Os climas mudam sem parar, permanece apenas a consciência, testemunha destas mudanças.

Cada mundo ou cada nível de realidade é determinado pelo nosso estado de consciência ou clima. O elefante ou a barata "veem" ou "criam" o mundo segundo o nível de consciência onde eles se encontram... É preciso nos perguntarmos, então, a seguinte questão: Em qual mundo vivem os vegetais, os animais, os humanos e, entre os humanos, as crianças, os adultos, os idosos, os doentes, os perversos, os filósofos, os sábios, os santos e os viajantes...?

Turista

	clima artificial	vitalidade	
ego	realidade "mundana"	pensamento	
		ar	} condicionados
		afetividade	
		imaginação	
		Presença distanciada	
		Mundo	

Andarilho esportivo

	clima "natural"	ar	
eu	realidade "natural"	vitalidade	
		pensamento	} des-condicionado
		afetividade	
		imaginação	
		Presença sensível	
		Natureza	

Peregrino

	clima desperto	ar	
	"inspirado"	vitalidade	
Self	realidade inspirada	pensamento	in-condicionados
	espiritual	afetividade	in-condicionais
	pneumático	imaginação	
		Presença brilhante	
		Reino	
		Relação	

clima "original"	vida	
fundador	consciência	
realidade "criadora"	amor	} infinitas
fundadora	liberdade	
soberana		

Presença pura
Fundamento
Imóvel motor
o Ser que coloca em marcha
o turista, o caminhante, o peregrino
e as outras estrelas...

Tantos seres humanos, tantos estados de consciência, tantos níveis de realidade, tantos climas.

Viajar não é mudar de clima? Encontrar outros estados de consciência, outros níveis de realidade? Não é descobrir por vezes na aquiescência do corpo e dos pensamentos um esquecimento de si mesmo que é o final da viagem, o último clima?

Da mesma maneira que o desejo busca um estado de não desejo que é a sua realização, a imaginação busca um estado sem imagens, sem representações, que é seu silêncio, sua essência: o Real que contém todos os níveis de realidade, a Consciência que contém todos os estados de consciência.

Durante a viagem isto é vivido de maneira menos abstrata, é no corpo que deve vir unir-se a nós a infinita extensão do espaço – mas este "esgotamento de si" que nós buscamos no caminhar não poderia ser saboreado no menor dos atos de generosidade ou de dom de si mesmo? –, ali onde brilham a realidade e o clima da infinita Presença, que os Antigos chamam de "Reino de Deus", ou seja, não mais o reino da mercadoria (primeiro clima) ou o da troca (segundo clima), mas o da Relação como celebração de gratuidade (a Uni-Trindade nos lembra que Deus é Relação e não substância).

Poderíamos figurar desta maneira (página anterior) os diferentes climas ou níveis de realidade e de consciência nos quais habita e passa o viajante:

Nós não estamos fechados (a menos se o quisermos) em um clima particular. Nós não somos apenas peregrinos, ou andarilhos, ou turistas, nós somos "o viajante eterno" que toma forma e que se demora, por vezes, neste ou naquele clima. Nós somos todos estes climas juntos, como a Realidade é todos os níveis de realidade, dos mais artificiais aos mais essenciais, como a Consciência é todos os estados de consciência aos quais nós nos identificamos e que a viagem nos ensina a atravessar.

> O Eterno viajante é "a Tela" sobre a qual nós projetamos nossos filmes de viagem, o *roadmovie* de nossa passagem sobre a Terra[34].

Annemarie Schwarzenbach[35], Ella Maillart[36] e Nicolas Bouvier[37] são bons exemplos de viajantes "fora de categoria" que, sem serem propriamente peregrinos, estão em busca de um "outro clima" que não negaria nenhum clima, ou seja, níveis de

---

34. Annemarie Schwarzenbach. *Où est la terre des promesses?* (Onde é a terra das promessas?), com Ella Maillart no Afeganistão (1939-1940). Payot, 2002.

35. Annemarie Schwarzenbach (1908-1942), escritora, poetisa, jornalista, fotógrafa e arqueóloga, oriunda de uma família de ricos industriais suíços, ela chocou sua época e seus contemporâneos devido às suas muitas aventuras, viagens, sua maneira livre de viver, sua bissexualidade e seu envolvimento com as drogas. Ela fez, de carro, longas viagens com Ella Maillart em direção ao Oriente Médio. Sua morte prematura, aos 34 anos, devido a uma queda quando andava de bicicleta, contribuiu para que sua obra fosse relegada ao esquecimento durante longo tempo. Recentemente, a Associação dos Amigos de Annemarie Schwarzenbach e uma biografia sobre ela (*Annemarie Schwarzenbach ou le mal d'Europe*. Dominique Laure Miermont. Payot) fizeram com que sua obra fosse redescoberta pelo público contemporâneo [N.T.].

36. Ella Maillart (1903-1987), nascida em Genebra, fotógrafa, jornalista, escritora e, sobretudo, uma das viajantes mais surpreendentes do século XX. Ela ficou conhecida por suas diversas viagens e livros narrando suas experiências; percorreu os cantos mais recônditos do planeta em condições de pura aventura [N.T.].

37. Nicolas Bouvier, escritor, fotógrafo, iconógrafo e viajante suíço, nascido em 1929 e falecido em 1998. Viajou pelo mundo todo e escreveu vários livros sobre suas viagens. Sua obra é considerada uma obra-prima da literatura da viagem. Seu livro *L'Usage du Monde* contribuiu para redefinir a literatura de viagem do século XX e é, hoje em dia, uma referência para diversos viajantes e escritores. Para ele, a escrita nascia da viagem e da contemplação proporcionada por esta [N.T.].

realidade e de consciência que lhes é dado atravessar, pois cada um deles testemunha o Único que se busca e se revela, por vezes, no desvio de um caminho ou no inesperado de um encontro.

Annemarie Schwarzenbach e Ella Maillart rodaram no mesmo Ford, rumo ao mesmo Afeganistão, mas seus imaginários e, portanto, seus objetivos, eram bem diferentes. Dormimos na mesma cama, mas não habitamos os mesmos sonhos, e é isso que pode fazer a cama tornar-se insuportável e o Ford perigoso. Uma busca a paz, a outra, a emoção – como elas poderiam ouvir uma à outra?

Uma procura no sofrimento da viagem, uma redenção: "Deixem-me sofrer", diz ela; a outra faz da tranquilidade da alma o critério de uma ascensão bem-sucedida. Annemarie, tristeza e beleza inseparáveis, tem o rosto fino e ferido da tragédia; Ella, alegria e energia inseparáveis, tem o rosto voluntarioso e paciente daquela que dá ao porto mais importância do que ao caminho.

Tive a felicidade de conhecê-la alguns anos antes da sua morte; quando ela me dedicou seu livro *Ti-puss*[38] (seu gato que tinha "conhecido" o grande sábio da Índia, Ramana Maharshi). Ela me contou sobre o seu encontro em Zurique com Carl Gustav Jung: "Por que você viaja?, perguntou ele.

– Para encontrar aqueles que ainda sabem viver em paz", respondeu ela sem refletir.

Após um longo silêncio, Jung lhe disse: "É perigoso. Mas aquele que quer conhecer deve tomar para si o risco de tornar-se insano".

---

38. Ella Maillart. *Ti-puss*. Payot, 2002.

Ela correu frequentemente este risco, sem jamais perder sua "base", seu "sentar". Ela gostava de citar esta frase de Emerson: "O herói é aquele que está imutavelmente centrado".

A viagem não possui outra função além da busca do seu eu profundo, da sua paz interior, do seu equilíbrio, do seu centro; como diz Novalis: "O caminho misterioso vai em direção ao interior".

"É a viagem, dizia ela ainda, e suas inevitáveis tormentas que me ensinaram a tornar-me 'espectadora de mim mesma', consciência-testemunha de tudo aquilo que acontece, seja o que for [...] Eu era, eu sou, eu serei esta consciência, ontem, hoje, sempre", dizia ela fazendo eco aos sábios que ela encontrara e às Escrituras santas que ela meditara.

É esta consciência, este afastamento ou este recuo, que faltaram à Annemarie Schwarzenbach? Ou é uma outra consciência que ela busca – uma consciência menos distante, mais "participativa" –, a consciência dada pelo medo?

Ela escreveu em *La morten Perse*[39] (*A morte na Pérsia*): "Aquilo que o leitor jamais perdoará é que não seja dito em lugar algum por que um ser humano se deixa levar a um país tão longínquo e exótico..." Ela mesma responderá à sua própria questão em *La Villeheureuse* (*A Cidade feliz*) através de uma frase cativante: "Eu só me coloquei a caminho para aprender o medo". Aprender, portanto.

Naquela época, a viagem ainda era uma rude escola e, mesmo sem compreendê-la no seu gosto obstinado pela dor e por

---

39. Annemarie Schwarzenbach. *La mort en Perse* (A morte na Pérsia). Payot, 2001.

aquilo que destrói (a droga não é uma outra viagem que se une à viagem e torna esta insuportável?), sua amiga Ella poderia responder-lhe: tornar-se "consciente através do pavor não é tornarse Consciência, ou é reduzi-la a uma emoção que nos submerge ao invés de nos carregar".

Na provação da viagem condensa-se, para Annemarie, o trágico inerente a toda vida humana: "a esperança sem nome, ou a assim nomeada Terra prometida; o imperdível, o incompreensível flagelo do sofrimento e a coragem reunida no puro sentimento de abandono e de solidão moral"[40]:

> Viver é ser tomada entre a paixão insaciável, eternamente jovem, do coração humano e a dor secreta da morte iminente e do irrealizado[41].

> E tu, ainda esgotada e cega pelo sofrimento, tu deves voltar a partir, continuar a viver, e quem te seria grato? [...]
> Tais questões, aprendi a não mais colocá-las. [...]
> Não aprendi muita coisa nova, mas vi tudo, vivi tudo na minha carne[42].

Essas palavras, ditas no final de *Chehel Sotun*, terão, sem dúvida, um eco na experiência deste outro grande viajante que é Nicolas Bouvier:

> Fiquei feliz por esta admirável aventura temerária ter nos marcado. Foi como um entalhe sobre a faca de

40. Annemarie Schwarzenbach. *Les Quarante Colonnes du souvenir* (As quarenta colunas da lembrança). Prefácio de Nicole le Bois. Esperluète, Bélgica, 2008.

41. Annemarie Schwarzenbach. *La vallée heureuse* (O vale feliz). De l'Aire/Griot, 1991.

42. Annemarie Schwarzenbach. *Les Quarante Colonnes du souvenir* (As quarenta colunas da lembrança). Op. cit.

um assassino. Se não deixamos à viagem o direito de nos destruir um pouco, é melhor ficarmos em casa[43].

Acreditamos que vamos fazer uma viagem, mas logo descobrimos que é a viagem que nos faz, ou nos desfaz[44].

Não é o aniquilamento de si mesmo que ele busca, como secreta passagem a um clima mais simples ou uma realidade mais profunda, é, antes, o encontro, que fará com que ele saboreie alguns condimentos do reino, primícias da Presença pura: "Há momentos nos quais acreditei sufocar de felicidade..."

Esses momentos de "sufocamento" são, na maior parte do tempo, momentos de amizade e hospitalidade:

> Eu acabara de me sentar e o dono do albergue me trouxe um godê de tinta violeta e uma pena enferrujada. De tempos em tempos ele vinha olhar por cima do meu ombro se o trabalho avançava [...]. Havia imperiosas granjeiras muçulmanas que roncavam sentadas sobre banquetas entre suas cestas cheias de cebolas, caminhoneiros de rostos queimados, oficiais sentados eretos diante dos seus copos que manipulavam palitos de dente ou jogavam-se para frente para oferecer fogo e tentar entabular uma conversa[45].

Há também as refeições: "Ao meio-dia: uma cebola, um pimentão, pão dormido e queijo de cabra..." Como observa David Le Breton, o que Nicolas Bouvier gosta nestas refeições "não

---

43. Nicolas Bouvier. "Les chemins du Halla-sam" (Os caminhos do Hallasam). In: *Journal d'Aran et D'autreslieux*. Oeuvres, Gallimard. Coleção "Quarto", 2004.

44. Nicolas Bouvier. *L'Usage du Monde* (A utilização do mundo). Ibid.

45. Ibid.

são os pratos em si, mas o fato de saborear a presença dos outros. As refeições, até mesmo o compartilhar de algumas torradas, implica comensalidade, uma celebração do local"[46], celebração na qual alguns reconhecerão um eco da "circumincessio" (*périchorèsis*) que está no coração do Real soberano.

Mas este nem sempre é o caso, às vezes é preciso fugir de certas companhias e até mesmo de certos lugares. A presença do mal e do perverso fazem parte das coisas inevitáveis que todo viajante encontra:

> Duas vezes aconteceu de eu me safar sem nenhuma razão válida, sem ameaça objetiva perceptível; apenas por ter sentido ondas telúricas muito ruins, eu meti sebo nas canelas.
>
> A viagem fornece ocasiões para que nos surpreendamos, mas nem sempre ela traz a liberdade. É preciso, antes, provar uma espécie de redução: privado do seu meio ambiente habitual, despojado dos seus hábitos como de uma embalagem volumosa, o viajante encontra-se reduzido a proporções mais modestas[47].

Sem dúvida, é sempre a humildade que nós buscamos ou a simplicidade sem as quais o infinito Real não consegue se desdobrar. Quando o eu não está mais aqui, tudo, enfim, está aqui; ninguém o sabe, ninguém o ignora, aquilo que é vivido, então, é o fato da Vida una e de todo o universo se provarem nos limites e na consciência abertos do ser humano.

> Em viagem, devido a uma usura física, cansaço ou, pelo contrário, após uma excelente *siesta* na gaita, eu vivi algumas dessas iluminações e jamais cheguei realmente a me dar conta disso. Quando digo "em

46. Ibid.
47. Nicolas Bouvier. *Routes et déroutes*. Ibid.

viagem", eu não tenho a ilusão de dizer que esses instantes fulgurantes sejam o monopólio do estado nômade: eles podem sobrevir igualmente bem na cela de um monge ou na cama de uma mulher[48].

Para Ella Maillart, assim como para Annemarie Schwarzenbach e Nicolas Bouvier, todos os três suíços e oriundos de um meio abastado, viajar é deixar justamente o clima mundano, artificial, o reino do virtual e da mercadoria que nos afasta do nosso corpo, para entrar em um clima mais natural, mais próximo do Real soberano de onde brilha a vida.

Fernando Pessoa, que costumava passear solitário sobre as calçadas de Lisboa e às margens do rio Tejo, sem deixar a cidade, também viajava, e ele lembra aos outros viajantes que o essencial da aventura está na nossa imaginação. Ele não diz que é dominando esta, ou a graça de uma libertação ou de uma entrega, que nos conduz ao Desconhecido. Ele não acha que "sair de si" seja possível; o outro (país, homem, mulher, acontecimento...) é sempre conhecido e nós o descobrimos no interior de nós mesmos.

Tão alto subamos, tão baixo desceremos, tão longe formos, jamais sairemos, não das nossas sensações, como pensava Condillac[49], mas da nossa imaginação. Não existe sensação bruta, toda sensação "consciente" é imaginada ao mesmo tempo em que sentida. Eu imagino que eu sou, eu imagino que eu penso, eu imagino que eu morro: a imaginação é nosso único saber, nossa única ciência, e esta pode, sem dúvida, tornar-se sabe-

---

48. Ibid.

49. Étienne Bonnot de Condillac. *Traité des sensations* (Tratado das sensações), 1754.

doria ou loucura, mas quem imagina que é desta maneira? A imaginação é a testemunha criadora de tudo aquilo que eu vivo, penso e ajo, o inventor da identidade, a origem do "eu".

É a imaginação que nos coloca a caminho e é a imaginação que nos faz viajar, quer estejamos aterrados no nosso quarto ou tenhamos os membros entregues à alegria do vento, imóveis ou em marcha, é a imaginação que nos faz avançar e crescer.

A imaginação é o "concreto" (de *cum crescere*, "crescer com") mais óbvio, pois é o mais oculto, o intrínseco do corpo que deseja, pois, sem imaginação vital, onde estaria o desejo?

Talvez encontremos em Pessoa, na sua "Autobiografia sem acontecimentos", um eco disto:

> Que é viajar, e para que serve viajar? Qualquer poente é o poente; não é mister ir vê-lo a Constantinopla. A sensação de libertação, que nasce das viagens? Posso tê-la saindo de Lisboa até Benfica, e tê-la mais intensamente do que quem vá de Lisboa à China, porque se a libertação não está em mim, não está, para mim, em parte alguma[50].

O interesse e a qualidade da minha viagem dependem da base da minha atenção, ou, deveria dizer, da minha intenção e da minha imaginação? Aquele que está nesta postura, nesta base, neste sentar, quando vai até o final do seu jardim, descobre a multidão e o deserto do mundo.

> Nunca desembarcamos de nós. Nunca chegamos a outrem, senão outrando-nos pela imaginação sensível de nós mesmos. As verdadeiras paisagens são as que nós mesmos criamos, porque assim, sendo deuses delas, as vemos como elas verdadeiramente são, que é como foram criadas. [...]

50. Fernando Pessoa. *O livro do desassossego*. Companhia das Letras, 2011.

> Quem cruzou todos os mares cruzou somente a monotonia de si mesmo. Já cruzei mais mares do que todos. Já vi mais montanhas que as que há na Terra. Passei já por cidades mais que (as) existentes, e os grandes rios de nenhuns mundos fluíram, absolutos, sob os meus olhos contemplativos. Se viajasse, encontraria a cópia débil do que já vira sem viajar.
>
> [...] As mesmas paisagens, as mesmas casas, eu as vi porque as fui, feitas em Deus com a substância da minha imaginação[51].

De que serve irmos para longe se nos falta a consciência e a imaginação para "criarmos" a fronteira, o outro e a aventura? Apenas atravessamos, como diz Pessoa, nossa "monotonia", seja no sentar ou no caminhar. Viajamos apenas na nossa imaginação. Ninguém jamais saiu dela, ou aqueles que saíram não voltaram para contá-lo – eles se calam. Fora da imaginação tudo é silêncio – parusia talvez? Derradeiro clima.

51. Ibid.

6

O ANDARILHO MAGNÍFICO

"Se você quer viver feliz e durante muito tempo, renuncie a tudo, mas não renuncie jamais à caminhada."

Ele me disse isso caminhando com passos curtos da sua cama até a janela, em breve ele teria cem anos, ele era feliz. Da cama à janela, ele estava realmente caminhando, ele não estava fingindo. Cada passo era uma aventura, uma vitória contra o peso que queria pregá-lo à poltrona, uma alegria também. Cada reflexo do sol sobre o armário era o anúncio de uma claridade, de uma floresta a ser atravessada, eu permanecia ali, imóvel, o dia todo, velando sobre ele. Ele me tomava por um passante, ele quase me saudava, sem se demorar a cada vez que nossos olhares se encontravam.

"Quando perdi meu primeiro filho, disse ele, eu tive que caminhar durante muito tempo, foi mais do que um passeio, mas, quando eu parei, onde estava isto? Aquilo não tinha mais importância alguma, minha cabeça, meu corpo tinham sido esvaziados da sua dor e, sobretudo, da sua cólera. O final de um passeio é como o final de um amor, ou de um ódio, nos lembramos que tudo aquilo é passado, está a alguns dias de caminhada e jamais voltaremos para trás. Meu filho morto, no início, era como uma pesada bola de ferro que me impedia de avançar. Mas, caminhando, ele tornou-se uma estrela que guia meus passos e me conduz a terras desconhecidas, ele não está mais atrás de mim, ele me precede, ele me aguarda, ali, no final da minha caminhada...

Não se trata de fugir da realidade, sobretudo quando ela é dolorosa; trata-se de exercê-la, de fazê-la caminhar, de levá-la a cabo, de mandá-la passear... Dizíamos outrora que não escapamos do nosso destino, basta fugir dele, como Édipo o fez, para que o encontremos ali onde não o aguardávamos. Eu diria que não escapamos do Real, é preciso que ele se realize e, por que não, fazer desta realização uma caminhada. Não caminhamos mais, então, rumo ao inevitável, mas rumo ao imprevisível, não há mais nem expectativa nem temor, mas atenção e surpresa.

Eu não direi como o Macbeth de Shakespeare que 'a vida é uma história contada por um idiota, plena de barulho e de fúria'. Direi simplesmente que as coisas são o que elas são – ao invés de fazer delas uma história, um drama, uma tragédia, eu faço delas uma caminhada. Macbeth esperava que a vida fosse 'de outra maneira' – eis aí toda sua dor. Como eu nada espero, jamais me decepciono, mas sempre me surpreendo.

Quando minha mulher me deixou, eu saí, mas não para correr atrás dela; foi uma longa, muito longa caminhada e, coisa curiosa, caminhando, eu descobri que era eu quem a deixava. Havia novas paisagens, laranjeiras, areia fina e moças bonitas, mais bonitas do que aquelas que eu tinha conhecido até então, o que eu tinha a lamentar?

Se ela caminha rumo à primavera, a árvore deixa sem arrependimento suas folhas mortas. Caminhamos sempre rumo a uma outra estação. O que nos deixa doentes é perder o espírito da caminhada.

Isso aconteceu comigo uma vez, e compreendi então que era Deus quem iria me deixar! Foi preciso menos de uma meia hora a passos largos para alcançá-l'O, ou melhor, para descobrir que Ele estava sempre ao meu lado. Não podemos imaginar o que é uma meia hora sem Deus! É como uma existência sem Existência, uma vida sem Vida, uma consciência sem Consciência: uma caminhada sem Caminho! Caminhei no vazio, ou seja, caí, mas felizmente não podemos cair mais baixo do que a terra! Logo compreendi que a terra sob meus passos era Ele, não era Ele quem me deixava, Ele não poderia fazê-lo, era eu quem poderia esquecê-l'O ou negá-l'O, como um transístor desregulado que acha que é o autor da música ou um cérebro complicado que imagina que é ele quem produz a consciência... em uma meia hora, a passos largos, eu tinha O alcançado, eu sentia novamente seu Sopro em meu sopro e o barulho do meu coração era como um eco desta música que se eleva no sangue e escorre na seiva das samambaias que margeiam o caminho.

Falo aqui de caminhadas excepcionais, mas as mais importantes são as mais quotidianas, onde tudo é conhecido de véspera e, no entanto, tudo é novo. A luz nunca é completamente a mesma e o ritmo dos nossos passos muda a paisagem a cada vez.

Quanto tempo devemos caminhar antes que o espírito se acalme? Não nos deslocamos mais apenas com a cabeça, mas com todo nosso corpo, como uma paisagem que avança na paisagem, uma onda contra uma outra onda. Isso depende mais do nosso abandono do que da nossa atenção. Quando ficamos atentos demais a tudo aquilo que vemos, a tudo aquilo que vem ao nosso encontro, não avançamos... Isto não quer dizer que devemos caminhar desatentos, sem abrir os olhos; não, pelo contrário, é preciso mantê-los bem abertos, mas sem fixação, como se eles fossem sempre maiores do que aquilo que eles veem...

É preciso chegar a esta consciência que nada pode preencher, somos como o espaço ou o céu no qual caminha a paisagem. Ou, então, ser esta consciência que um nada faz transbordar: somos submergidos pelo menor botão de ouro. A bondade, a precisão, a finitude, a perfeição da menor das coisas nos dão vontade de chorar e, no entanto, não paramos, senão nos perderemos em um raminho de grama. O caminho pavimentado por emoções grandes demais logo termina, ele fica sem fôlego...

Mas é verdade que o importante não é a duração da caminhada, mas sua intensidade? Não, a duração é importante; é isso que permite que integremos a intensidade no tempo e é o que torna o tempo favorável... Se você quer viver feliz e durante muito tempo, jamais renuncie ao caminhar, não renuncie a teus pés, ao teu sopro, a todo teu corpo que caminha mesmo poucos passos...

Quero morrer de pé, diz-me ele debilmente, apoiando-se com um pouco mais de força sobre meu ombro. Mas dizer 'eu quero' não é digno do homem que caminha. Aquilo que minhas longas caminhadas me ensinaram (ele evocava sem dúvida suas subidas das altas montanhas ou suas lentas travessias do deserto) é que, em um momento da caminhada, não sabemos mais de onde viemos, não sabemos mais para onde vamos, não sabemos e não queremos mais nada, senão nos abandonarmos a este Sopro que nos carrega...

Eu ainda nada disse sobre a grandeza de uma parada, quando paramos devido ao esgotamento ou à fadiga, algumas vezes, também diante da beleza, o infinito sobre o qual nosso último passo acaba de se abrir. Sabemos que jamais chegamos, mas é chegado um momento onde, enfim, sabemos. Paramos e começa, então, uma outra caminhada." Soltando meu ombro, ele deu três passos em direção à janela e murmurou: "É o momento de renunciar a tudo, exceto ao caminhar..."

Foi desta maneira que ele partiu sem se voltar para trás, em uma manhã de inverno, seca e fria, o magnífico andarilho...

﹋ Peregrinos ﹌

Junto à ordem dos terapeutas inspirada por Fílon de Alexandria, eu frequentemente sonhei em fundar uma "ordem de peregrinos" que pertenceria a todas as religiões, raças, culturas, idades ou sexos etc., cuja única regra seria a oração incessante do coração, a meditação e a caminhada (nas formas que são próprias a cada cultura). Atravessando todas as fronteiras e todos os climas, ela lembraria à humanidade sua unidade e sua diversidade (unidade que não é mistura ou confusão, diversidade que não é separação ou exclusão). O site dos peregrinos é o primeiro passo em direção a esta ordem e esta fraternidade universal de homens, mulheres, crianças... "em marcha".

"Vamos, chapéu, capote, os dois polegares nos bolsos e saiamos. Avante, estrada!", dizia Rimbaud, o "homem com as sandálias de vento", lembrando assim ao homem sua "essência peregrina", sua identidade de *Homo viator*: o homem não é um ser, mais um pode ser, um em-vias-de-ser, um vir-a-ser...

Nascer é ouvir ressoar nas suas profundezas, na espessura mais carnal, o chamado do Vivente: "Levanta-te e caminha!", o chamado de uma Consciência mais elevada: "Deixa teu país, teus pais, deixa o conhecido e vai, vai rumo a ti mesmo!"

O site universal dos peregrinos dirige-se a todos aqueles que ouviram estes chamados a ser e a se colocar em marcha, de onde quer que eles venham, para onde quer que eles vão... O importante é o caminho, cada "pegada" que colocamos sobre a areia e no vento.

"A peregrinação nada mais é do que uma ocasião para viver o tempo de uma estrada solitária e sagrada a parábola do nosso destino total..."[1].

Este site poderia ser um companheiro sobre este caminho: ele compartilha seus bons endereços, seus pensamentos, suas tradições e suas orações... Ele nos acolhe nesta grande fraternidade de peregrinos e de "passantes" sobre a terra.

Quando nossos passos se esgotam ou param, ele nos murmura ao ouvido: *Utreia*, "um passo a mais"... quando eles são embalados ou se impacientam, ele nos abre os olhos: a luz não está no final do caminho, ela ilumina cada um dos nossos passos.

Boa estrada e boa parada!

Leve o tempo que for necessário, o tempo não mais o prenderá... ou prenderá apenas teu alforje e tuas sandálias usadas, mas jamais o teu Sopro, tua Vida eterna que caminha...

---

1. Albert-Marie Besnard. *Le pèlerinage chrétien* (A peregrinação cristã). Le Cerf, 1959.